カントにおける人間観の探究

山口祐弘

Kants Frage:
Was ist der Mensch?

YAMAGUCHI MASAHIRO

勁草書房

はじめに

「学としての形而上学は如何にして可能か」——これは『純粋理性批判』を始め、カントが全批判哲学を賭けた問いであった。カントは形而上学を人間性に深く根ざすものと考えていた。彼は人間への強い関心から哲学の問題に取り組んでいたのである。

だが、論理学、数学、物理学と並ぶ理論的な学としての形而上学の可能性をカントは認めなかった。神、宇宙、魂等の伝統的な主題について理論的に論じようとすれば、紛糾が避けられないからである。カントは理論的な認識の能力に限界を設けることによって、この紛糾を収めようとした。ただし、その否定的な裁定は実践の領域を拓くという積極的な機能を持っていた。右の主題は信仰に関わるものとされ、実践の課題に結びつけられた。知の完成は信仰の廃棄を結果するという近代的思考（ホッブズ）とは違って、カントは信仰の余地を確保し、実践的な形而上学を構想しようとしたのである。

人間の理論的認識能力に対する限界設定、それは懐疑主義の破壊的な議論を封ずる巧みな策であった。理論的に語りえないものに対して、カントは沈黙を命じたのである。それは、形而上学と懐疑主義の対立を別の次元へと超出することによって止揚しようとするものに他ならない。そこにはカントの弁証法的な思考が認められる。

だが、それは理論と実践という新たな対立を生むこととなった。実践の領域を開示することによって、人間への関心は高められる。しかし、限界を設けられた理論知と実践知は如何なる関係にあるのか、が更めて問われなければならない。前者は因果必然性のもとに現象を見、後者は意志の自由を前提とするというように対立する原理から成り立っているからである。

これら対立的原理の両立を可能としているものは、現象と物自体の区別であった。現象界は必然性に支配され、自由はそれを超えた物自体界に想定される。異なった領域に割り当てられることによって、両者は衝突を回避しているのである。だが、人間の現実的な行為を考えるならば、自由に基づく行為の結果は現象界にあり、他の現象に対して特権的な位置を占めるものではない。必然性と自由はなお衝突の余地を残している。

この問題を解決しようとすれば、宇宙の仕組みと人間のあり方についての新しい見方が求められる。それは対立する原理をともに認めるような理論であり、人間論である。この要求は人間観をより一層複雑なものにする。人間は現象界にありながら、因果的決定に服しない自由を有すると見なされる。このようなことは如何にして可能であろうか。主体の活動に照準を合わせて言えば、理論知はすべてを因果律と必然性の相のもとに見、実践は自己と他者を自由意志を備えたものとして確信し、行為する。それは人や物事を見る見方の乖離のみならず、認識関心と実践的関心の乖離を生みかねない。一方は他方に無関心となり、他方を無視する懼れすらある。そうして、非実践的、非道徳的、非形而上学的な人間が生み出される。

それ故、理論と実践の対立は、人間への関心を一層鋭いものとする。信と知、意志と行為、理性と感性の関係はどう考えられるべきか、人間と自然の関係は如何なるものか、自然界における人間の地位は如何なるものか、が問われる。カントは最終的に神の観念に依拠してこれらの問いの解決を図らねばならなかった。人間を問うことは、人間と自然、神の関係を問うことに通じるのである。

本書のタイトルを『カントにおける人間観の探究』とするのは、このような事情による。それが狭い意味の人間論、人生論にとどまるわけにいかないことは言うまでもない。カント哲学を人間論として解釈しようとするならば、すべての問題をこの視点に収斂させることが必要である。問題によっては、一見人間に疎遠と思われる事柄もあるかもしれない。だが、そうした中に一貫した視点を保持することが求められる。本書においても、多岐に及ぶ論述の拡散を防ぎ、右の見通しを確保するために各章の梗概を予め示しておくことが有益であると考える。

かくて、第一章はまず、デカルト以来の近代哲学に棹さすカントがデカルトの課題を如何に継承発展させようとしたかを見る。カントの関心は学としての形而上学の確立にあった。それを保証すべく、学知一般のあり方を検討してカントが提唱したのが認識論上の革命、コペルニクス的転換と実験的方法の導入であったが、それは理論的活動に限界を設け、自由を基本とする実践的形而上学の領域を拓くためであった。形而上学の可能性への問いは人間を如何に捉えるかという問題に発展することが明らかになるのである。第二章は、このようにして自由の概念を確保しようとする時、それを必然性の概念とどう調停するべきかを第三アンティノミー論に即して考察する。それは、宇宙論的概念としての超越論的自由の可能性とともに人間の実践的自由の可能性を保証するものとしてあるが、人間が主題である限り、人間の行為の原因性をめぐる問題として捉えられなければならない。可想的性格と経験的性格という対概念によって、人間は自由意志の主体であると同時に現象界の必然的因果連関のうちにあるものとして理解されることになる。

このような二重の観点を許容するのは、物自体と現象の区別である。この区別は超越論的観念論の主張とともに導入される。後者は弁証論においてその解決の鍵とされる。認識が現象界を超えようとすれば混乱に陥るが、その超出を抑制し信仰の領域を拓くのが超越論的観念論だからである。弁証論は、それによって混乱を収拾しえたことにより、それの間接的証明となる。だが、超越論的観念論を直接的に論証するのは、感性論と分析論における認識と経験の成立の具体的解明である。

かくて、第三章は、感性論の空間・時間論を点検し、現象と物自体の区別に通じる対立が感性の受容性という概念のうちにすでに含まれており、またこの区別を確認すべく組み立てられていることを明らかにする。そして、第四章は、理論的認識の対象である自然の存在性格を見、それを限定する物自体概念の意味・機能を考察するとともに、認識主観と対象の関係を検討することによって、対象界を超えたものという意味で認識主観が物自体に充当されうることを立論する。この認識主観の超越性が行為主体を含めた主体一般の自由に通じているのである。理論理性と実践理性はこの次元で並存することになる。

だが、それは両者の対立が一層鮮明になることである。そして、両者が統一されなければ、人間は分裂したままでいることになる。カントはこの統合を実践理性の優位のもとに行おうとした。それは理論的活動と実践的活動をともに神の理念のもとに包摂することによって可能となるのだが、その実際的意味を明らかにするには、神を信仰し道徳的に行為しようとする者が自然をどのように認識し、また自然界においてどのような位置を与えられるのかという問いに答えなければならない。自然を機械論的に捉える見方を超えて、神の理念のもとで自然を合目的的な秩序と見なす目的論的自然観が提起される。人間は道徳的存在者であるかぎりで、自然の究極目的とされ、その頂点に置かれるのである（第五章）。

第六章は、以上のテーマを総括的に論ずるとともに、そこに残されている問題を考察する。一体、カントの究極的立場は道徳神学にあるとされる。だが、それは整合的な体系を保証しえたわけではない。すでに、魂、宇宙、神の理念的性格がそのことを示している。それは人間の立場からは到達不可能であり、無限の努力を求めるものでしかない。それ故、神的知性を超感性的基体として自然の根底に置き、自然の合目的的な秩序を構想するにしても、統制的原理として判断力の格率を提供するのみであり、構成的原理とはなりえない。一方、自然現象は因果律によって規定され、機械論的結合のうちにあることは揺るがしようがない。自由と必然性の対立ばかりでなく、目的論と機械論の対立も完全に調停されているとは言いえないのである。

多くの解釈者が指摘するように、カントは対立を解消しているわけではない。形而上学の混乱を収拾するための概念装置、物自体と現象、実践と理論の区別は、体系の不整合と亀裂を結果し、その都度新たな問題を生ずる。それ故、ヘーゲルが言うように、カントは、デカルトが物心の分離を唱えて以来近代文化が陥っている分裂状況を免れていない。カントにおける人間は神と自然の間にある中間的存在者であり、一方で神を仰望しながら自然から離脱することはできないものとしてある。それは、理性と感性という人間内部の対立として現れる。そして、この対立は、神と自然、目的論的秩序と機械論的運行との対立と並行する。

それ故、カント以後、人々はカントが露呈した分裂と対立を超克することに努めなければならなかった。だが、それはカントが戒め禁じた道でもあった。カントは人間理性の限界を守ることを勧め、それを踏み越えることを認めなかったのである。この有限主義に対して無限への渇望が解放されたのは何故であろうか。啓蒙主義的分析的知性に対するロマン主義的反撥と言うだけでは、哲学的解答とはなりにくい。まさにカント哲学との対決を通して新たな運動が生まれる必然性を洞察することが必要である。そのようにして、ドイツ観念論はカント哲学に沈潜することから生まれたのであった。そして、その運動を触発するものはカント自身のうちにあったと見なさなければならない。有限なものに対する無限なものの理念はカントその人のうちに示されていたのである。だがまた、そこには内的緊張と不安があった。限界を守ることが破綻を見ることに通じているとすれば、「ここを超えるなかれ（nihil ulterius）」という禁令は人を止めることは困難であると言うべきではないだろうか。禁止は却って禁ぜられたものへの憧憬を高めるのである。

こうして、人は、カントを学ぶことはカントを超えて行くことである、と言うことができよう。それがカント以後の歴史の示したところであった。それ故、後世の研究者はカント以前からばかりでなく、カント以後からもカントを考察することが求められる。それはカントをより深く理解することに通じていよう。カントとカント以後との対話を促すのである。このことは特にドイツ観念論について言えることである。こうして、本書も終章においてカント以後への若干の展望を含むことになった。それは、カントを哲学への導きとして選んで以来著者が辿った遍歴の一端を示している。この展望を更に具体化すること、それを通してカントの意味を一層顕彰することが今後取り組むべき課題であると考える。

著　者

目次

目　次

第一章　新しい人間像を求めて

一　近代形而上学の要求

カント（1724-1804）はよく湖に例えられる。それは、近代哲学の様々な流派がそこに注ぎ込み、そこからまた新たな流れが始まるからである。デカルト（1596-1650）を父とする近代哲学は決して単一の水脈をなしたのではなかった。それは異なる流れを生み、そしてそれらは相対立し相互批判をなしながら展開したのである。哲学の源泉は万人に等しく分かち与えられた良識（bon sens）、理性に求められたのだが、それがこうした対立を生みだしたのは何故であったろうか。理性という原点に立ち戻ってそれを検討することが課題となろう。

カントが湖という総合的な存在となりえたのはこのような対立を眼の前にし、それを調停し統一することに尽くしたからである。対立が近代哲学固有の対立である以上、この調停はデカルトの基本精神を省ることなしには果たされえない。デカルトが哲学を起こした基本精神とは何であったか。理性の本来的な姿を洗いだし、それを反省することが必要となる。しかも、それはデカルト以上に強い自覚を伴っていなければならない。理性の能力の徹底した吟味と確信に基づくのでなければ、哲学の再興はありえない。そして、この企てが成功しえたか否かを問うことによって、カント以後の潮流が開始されるわけである。

デカルトを近代哲学の父としたものは知の確実性の要求であった。それは外的強制や権威から自由となり自立性を獲得しようとする欲求に基づいていた。自らが確信しえ確実であるとすることのできる知のみが真理とされうるのである。そして、デカルトが眼のあたりにしたものは、哲学の混乱状況に他ならなかった。「哲学は数世紀らい、もっとも卓越した人びとによって開拓されてきたが、しかもそこにはまだ何ひとつ論争の的になっていないようなものはなく、したがって疑わしくないようなものは何ひとつないのを私は見た」(1)。「同一の問題に関しては真理はひとつしかありえないのに、いくたの学者によって支持されるどんなに多種多様の見解がありうるかを考えて、私は単に真実らしいというにすぎないものは、すべてほぼ虚偽と見なした」(Discours., p. 8.)。このような状況を前にし、デカルトは必ずしも「ほかのひとより成功を収めることを望むだけの自負心を持たなかった」(ibid.)。確実な知が獲得される基礎は哲学であり、哲学こそはあらゆる学問の原理を提供すべきものだからである。そして、こうした原理的な哲学をデカルトは「第一哲学 (prima philosophia)」と呼んだのである。

こうした課題と状況を前にしてデカルトが選んだのは、あやふやな妥協ではなく、むしろ一切を根底から疑うという批判的懐疑的態度であった。徹底した懐疑に耐えうるもののみが、絶対的な真理と見なされうるのである。

だが、そうしたデカルトの態度と努力の成果はカントにはどのように映ったであろうか。カントは第一哲学を「形而上学」と呼んだ。そして、それは万学の女王と称されるべきものであった。だが、それはカントの眼にはすっかり凋落した姿を見せていたのであった。カントはこの形而上学の歴史をいくつかの段階に分けて捉えている(2)。(一)最初は形而上学の支配は独断論者たちの統治のもとにあり、専制的であった。(二)だが、その立法は古代の野蛮の面影をとどめていたために、内乱を生じる有様であった。(三)そして、それは完全な無政府状態に移行した。(四)そこに生まれたのは懐疑論であり、それらは時々市民的団結を分裂させた。(五)だが、その数は僅かであり、独断論を根絶することはできず、形而上学の再興の企てを妨げることはできなかった。(六)ロック(1632-1704)の『人間悟性論』(3)がそうした状況に終止符を打とうとしたが効果はなく、一切は再び独断論に陥っていった。しかも、虫食いだらけの有様であった。(七)この結果、この学の軽視と倦怠および無関心が支配するようになった。かくて、混沌と暗夜が地を覆うようになったのである。

だが、こうした否定的な状況把握は確実性への強い要求の裏面に他ならない。右のような無関心さは、諸学が近々改造され、啓蒙が開始される源、その序曲と見なされうる。それは投げやりの結果ではなく、判断力の結果なのである。もはや見せかけの知識によってはだまされないこの判断力こそは、デカルト以来の批判的懐疑が培ってきたものである。そして、それは人間理性に自己認識の課題を更めて突きつけ、理性の批判を促すのである。それは一つの法廷設立の要求であり、理性の要求が正しい場合には理性を守り、逆にすべての根拠のない越権に対してはこれを拒む。強権によってではなく、理性の永遠不変の法則によってである。

カントによれば、形而上学は本来人間の本性に根ざしており、その対象に無関心さを装うことのできるようなものではなかった。その成果と現状がどうであれ、その可能性は確保され、その惨憺たる結果と人間本性の要求の間にあって、カントとしては「形而上学は如何にして可能か」と問わねばならなかった。或いは、その問いすら過大なものを含んでいるように見えるに違いない。なぜならば、形而上学の問いは「人間理性が拒絶することはできないが、解答することのできない」問いであり、人間理性の能力を超えていると見なされるからである（K. d. r. V., AⅦ.）。従って、「形而上学は果たして可能であるか」と一層深刻に問わなければならないのである。

さて、この問いに答えるべきものが理性の自己認識であり、『純粋理性批判』（Kritik der reinen Vernunft）である。この法廷は理性の永遠不変の法則を原理とする。では、この自己認識は如何にして可能であろうか。理性の永遠不変の法則を知り把握することは如何にして可能であろうか。

デカルトに立ち帰るならば、確かな学をどこにも見いだすことのなかった彼は、徹底的な懐疑を遂行する他にすべはなかった。その結果として彼は「われ思う。故に、われあり（cogito ergo sum.）」（Discours., p. 32.）[4]をそれ以上疑うことのできない事実として発見したのである。それはまさに哲学の第一原理となるべきものであり、一切はこれと同等の明証性を有するのでなければ真理とは見なされえないこととなるのであった。

これに比べれば、カントが置かれていた時代状況は一定の発展を示している。大陸合理論、イギリス経験論という二大潮流に分岐したにせよ、デカルトを父とする近代思想は少なからず学問を生み出し、カントが「万学の花盛り」(K. d. r. V., A X.) と賞賛するまでに至った。カントの学問観によれば、すでに論理学は二千年の間不動の権威を確立し、数学もまた確実さの根拠を古代に見いだしていた。近代においては、ニュートン (1643-1727)(5) に代表される物理学がやはり信頼に値する学問として成立しているのである。

このことは、デカルトが自然学、天文学、医学等（複合されたものの考察に関わる学問）を疑わしいとするのみならず、算術、幾何学等、確実で疑いを容れないものを含んでいるものをすら欺瞞的な「魔神 (malin gênie)」を仮定することによって疑おうとした態度との著しい相違である。ヒューム (1711-76) の懐疑すら、数学に関するかぎりデカルトには及ばなかったと言えよう(6)。

こうして、カントは確実性の標識を「われ思う。故に、われあり」にではなく、また何らかの経験的、非経験的な直覚知にではなく、数学および物理学の存立のうちに求めることとなる。理性の自己認識は、理性の産物である諸学を介して遂行されるわけである。それ故、「形而上学は果して可能か、可能だとすれば如何にして可能か」という問いは、「数学は如何にして可能か」、「自然科学は如何にして可能か」という問いを先行させることになる。

だが、形而上学を幹とし諸学を枝とするデカルトの体系観をモデルとすれば、このことは本末転倒のように見えるかもしれない。それは木を果実から知ろうとすることであり、その実証的な態度は評価されえても、結果から根拠へと遡及することは必ずしも根拠そのものの全面的な解明には通じないのではないかという疑問が生じることも考えられる。

二　確実性の源泉

だが、カントの眼には、数学、物理学、形而上学の間には通底するものがあった。カントは形而上学を経験を超えるものの認識と解する。それは非経験的な認識に他ならない。

そもそも「形而上学（metaphysica）」とは、アリストテレスの著作を後世のアンドロニコスが編集するに当たって、「自然学（physica）」の後に（meta）置いたという事情を示す便宜的な名称であって、「タ・メタ・タ・ピュシカ（*τὰ μετὰ τὰ φυσικά*）」と呼ばれた[7]。内容的には、それはあらゆる存在者一般にわたる原理、存在者を存在者たらしめる原理、存在そのものとは何か、の検討を課題としていた。そのかぎり、それは個々の自然物を超えるものの探究であり、「第一哲学」、「神学」と呼ばれることもある。こうして、「形而上学」は形而下的なものを超越する（meta）学という意味を持つに至ったのである。「形而上学」という訳語は中国の「形而上者」という観念に由来する[8]。中世においては、プラトン、アリストテレスの思惟とキリスト教の融合のもとで、形而上学はキリスト教化され、キリスト教神学となるに至った。だが、カントが直接眼にしていたものは、近代のライプニッツ（1646-1716）を継承するヴォルフ（1679-1754）が組織したものに他ならない。そこでは、一般的形而上学の他に神学、霊魂論、宇宙論の三部門が設けられ、神の存在とその本質的属性、魂の単純性と不滅性、宇宙の普遍的構造と意志の自由等を主題的に論じていた(9)。それらはいずれも通常の感覚的経験では捉えられない主題なのであった。それらは経験という試金石を受け付けないのである。一方、数学、物理学に関して言えば、その確実性を保証するものは経験（Erfahrung）ではありえない。物理学は経験科学と見なされるにせよ、その普遍性（Allgemeinheit）と必然性（Notwendigkeit）は経験から獲得されるものではない。経験は蓋然性（Probabilität）と相対的普遍性を与えるのみであって、絶対的普遍性と必然性に達することはできないのである。従って、こうした徴標を有しうるのは非経験的なものでなければならない。カントはそれを経験に先立つもの、ア・プリオリな（a priori）ものとして捉える。

経験は常に未経験の領野に向かって開かれている。その意味でそれは常に相対的である。だが、そうした経験をめぐってなお確実性が求められ、確実性があるとされ、その根拠がア・プリオリなものに求められる。それは経験の只中にア・プリオリなものがあるということを意味する。経験は単なる所与の受容に尽きるのではなく、何らかの先行的視点（ア・プリオリ）を必要とする。このことを納得しやすくするためには、通常最も経験に密着した方法と見なされる帰納法の成立ちを分析することが一助となろう。

帰納法とは個別的経験を積み重ねることによって普遍的判断すなわち全称判断を導こうとするもの

である。それには完全枚挙による完全帰納と不完全枚挙による不完全帰納があることはよく知られている。後者は全体について語るために若干のものの観察しかなしえないのであるから、この不完全さを補うために思惟の独自の働きがなければならないということは容易に理解される。これに対して、前者は完全に経験に基づき、何らの補完も必要としないと見なされるかもしれない。だが、完全枚挙にあたっては、個物の集まりを単なる個物の集まりとしてではなく、一つの全体と見なすわけであり、そのための取りまとめの視点が要求される。一定の視点のもとで或る特徴（a）をめぐって個物を比較し、それが共通の性質であることを見いだしえた時、「すべてのものはaである」という判断が成立するのである。全体化の視点と比較の観点（a）は観察、経験とまったく無縁であるとは言えないにせよ、すなわち経験から抽出されたものであるにせよ、すべての個物の観察と比較に先立ちそれらを可能にするア・プリオリであるとしなければならない。まったく経験的と見える完全帰納においても、ア・プリオリなものがなければならないのである。

不完全帰納においては、この点は一層顕著になる。それは部分についての経験から全体についての判断を導き、特称判断から全称判断へと移行する。だが、この移行を無媒介に行うことは飛躍を犯すことであり、未経験の部分についての言明を何らかの形で補い、先の特称判断を補完しなければならない。そのためには、既に経験された部分から未経験部分への類推（Analogie）に訴えることが必要である。だが、類推とは二つの部分（個体ないしグループ）の間にある或る同一性（I）に基づいて、一方の持つ性質（a）を他方に帰属させることである。しかし、それが可能となるためには、前提されている同一の性質（I）を有するすべてのものが性質（a）を有する、すなわち「すべてのIはaである」という判断が定立されているのでなければならない。そして、それは求められている全称判断そのものに他ならない。類推は結論を前提する論点先取（petitio principii）を犯しており、循環に陥っている。それによって補完されるべき不完全帰納もそうであることになる。だが、それを誤謬として斥けるのはやや早計である。ともあれ、それは、知られるべきことはア・プリオリに知られていると言うことに等しい。更に一般化すれば、経験において知るということは予め知っていることを経験を機縁に想起することであると言うこともできるかもしれない。そうすると、プラトンの想起説が復活することになる(10)。

カントはプラトンに、ヘーゲルはアリストテレスによく比較される。カントは経験によらない認識をどこに見いだしていたか。所与の概念ないし前提を分析し結論を導くだけの分析的認識は新たな経験に手がかりを求める必要はない。主語の概念を分析しその中に含まれているものを抽出する「分析判断（analytisches Urteil）」がそうである。それは主語の概念をただ明晰にするだけであり、解明判断（Erklärungsurteil）とも呼ばれる。分析が正しければ、経験に訴えることなく確実性は保証される。その正しさとは、主語と述語の矛盾を回避し、同一性を確保するということであり、矛盾律、同一律を守るということである。

だが、それは新たな情報を与え認識を拡張する拡張判断（Erweiterungsurteil）ではない。学が新たな知見を得ようとするかぎり、それが追求すべきものは総合的認識であり、主語概念に新たな内容を付け加えるような「総合判断（synthetisches Urteil）」である。経験に求めれば、無数の総合判断が獲られる。だが、それは普遍性、必然性を有しないのであるから、求められるべきものは経験に先立つア・プリオリな総合判断でなければならない。判断を分析的、総合的、ア・プリオリ、ア・ポステリオリという観点から分類した時、学的認識の要求を満たすものとしては、ア・プリオリと総合的という組合せが選ばれるわけであり、「先天的総合判断（synthetisches Urteil a priori）」がそれに相応しいこととなる。

数学、物理学が確実なものであるとすれば、かかる先天的総合判断を含んでいるはずである。「7＋5＝12」、「三角形の内角の和は二直角である」、「二点間の最短距離はそれらを結ぶ直線である」等が数学および幾何学における先天的総合判断の例である。それらは決して帰納的な命題ではない。「7＋5＝12」は与えられた「7」という数の直観に順次「1」を加えて「12」に達するという構成によらねばならない。また、「7」にも「5」にも「＋」にも、或いは「7＋5」にも「12」という数の観念は含まれていない。同様に、「三角形」、「内角」、「和」のいずれにも「二直角」は含まれていない。定義に従って作図し、公理と定理に従って推理することによって結果に達するわけである。作図は一回的な作業であるが、個別的な経験というのではなく、普遍的な意味を持っている。また、「二点間」にも「直線」にも「最短距離」という概念は含まれておらず、平面上に描かれた作図の直観に基づいて「二点間の最短距離はそれらを結ぶ直線である」という判断が下されるのである。

同様に、「すべての現象は原因を有する」という命題は物理学の基礎をなす先天的総合判断とみなされる。因果律に対してはヒュームが加えた厳しい批判があり、それによって諸科学の基礎は動揺するかに見えた。ヒュームによれば、諸現象間の因果関係についての判断が成立するためには、それらの間に「時間的・空間的近接（contingence）」、「継起（succession）」および「継起の反復（repetition）」が認められなければならない。反復を通して、現象間の「恒常的連接（constant conjunction）」の観念が生まれ、こうして一方が与えられれば他方を推論するという「習慣（custom）」が形成されることになる。因果判断とはこのような習慣に基づく「信念（belief）」に他ならない(11)。――こうした批判によってカントは独断のまどろみから目覚めさせられる一方、自然科学の確実性を確保すべく、因果律を先天的総合判断と見なさねばならないと考えたのである(12)。原因は結果の概念を含まず、逆もまたそうである。因果律は総合的な判断であり、しかも個々の因果判断を可能にするものとしてア・プリオリなものとされねばならないのである。

そして、形而上学が認識の拡張を求めるかぎり、総合判断を構成しえなければならず、また経験を超えた認識を持とうとするかぎり、非経験的かつア・プリオリでなければならない。かくて、形而上学も先天的総合判断から成るものである。それ故、諸学の可能性への問いは、「先天的総合判断は如何にして可能か（Wie sind synthetische Urteile a priori möglich?）」という問いに集約される。個々の学に対応させて言えば、それは、

「如何にして純粋数学は可能か」

「如何にして純粋自然科学は可能か」

「如何にして学としての形而上学は可能か」

という問いに他ならない (K. d. r. V., B19-22.)。

だが、先天的総合判断という思想は両刃の剣と言うべきである。それは、経験の不確実さに対しては学知の確実性を保証するものとされるわけだが、逆に何の係留点もない思弁の放恣に道を開くことともなりはしないか。事実、従来の形而上学は先天的総合判断から成ることによって却って不確実さと混乱に陥っていたのである。従って、確実な先天的総合判断とそうでない先天的総合判断を区別し、前者の条件を更に求めなければならない。先天的総合判断というだけでは十分ではないのである。それ故、問われるべきものは真の先天的総合判断の可能性である。それを数学、物理学に照らして明らかにし、形而上学がそれと同じ条件において成立しているか否かを検討しなければならない。形而上学は果して可能なのか、を問わなければならない。

三　思考法の革命

かくして、カントは諸学が成功しえた秘訣を探究しようとする。

まず、論理学の成功はその考察対象が限定されていることに負っている。それは認識のすべての客観とその区別を捨象するのであって、そこにおいて悟性は自己自身とその形式にのみ関わる。それ以外の学問は自己ばかりでなく客観とも関わりを持たねばならない。数学と物理学は対象をア・プリオリに、少なくとも部分的にア・プリオリに規定せねばならない。対象に関係する必要がないということが論理学の有利さである（ibid., BVIIIf.)。

これに対して、数学が確立されえたのは構成的方法が発見されたことによってである。それは一つの革新的な着想であり、変化と言うべきものであった。それによって、二等辺三角形の論証が可能となったのである。それは、まずは図形のうちに現に見ているものや図形の概念などを追求して、図形の様々な性質を学びとるという経験的な態度を放棄する。論証者は、概念に従って自分でア・プリオリに図形の中に考え入れ（hineindenken）構成（Konstruktion）によって呈示したものを通してこれらの性質を生み出さなければならない。そして、何事かを確実にまたア・プリオリに知ろうとするならば、自分の概念に従って自ら対象の中に入れたものから必然的に帰結するもの以外のものをこの対象に付け加えてはならない。人は予め思惟し投入し（hineinlegen）えたものに基づいてのみ知りうるのである（ibid., BX-XIV.)。

自然科学の確立にはより多くの時を要したが、それもまたガリレイ（1564-1642)、トリチェッリ（1608-47)、シュタール（1660-1734）の胸に閃いた一条の光、思考法の急速な変革によるものであった[13]。彼らの方法に共通のものは実験（Experiment）であったが、その根底にある思想は次のようなものであった。——理性は自分の計画に従い、自ら産出するものしか認識しない。また、理性は一定不変の法則に従う理性判断の諸原理を携えて先導し、自然を強要して自分の問いに答えさせねばならない。いたずらに自然に引き回されて、あたかも幼児が手引き紐でよちよち歩きをするようなことがあってはならない。理性は、理性自体だけでは知りえないことを自然から学ぶわけであるが、それを自分が自然のうちに入れたものに従って求めなければならない。もちろんそれは、自然の中にありえないものを自然に押し付けることではない。とはいえ、われわれが物をア・プリオリに認識するのは、われわれがこれらのものの中に自分で入れるものだけである (ibid., BXVIII.)。それは、自然に対して生徒として振舞うのではなく、裁判官として振舞うことである。

さて、数学においては図形が、自然科学においては自然がア・プリオリな思考を投入する対象としてある。だが、形而上学は、経験の教えるものをすべて無視し、概念だけから成立する認識である。そこでは、理性が理性自身の生徒となる。従って、そこには、問いかけるべき相手のいない理性の独断的教説が説かれる恐れがある。実際、それによって形而上学は甚だしい混乱に陥ったのである。

形而上学の成立がこのように数学や論理学のそれと異なる以上、形而上学はこれらから何を学ぶことができるのであろうか。前者が後者を模倣するということが果して可能であろうか。カントはこの試みを敢えてなそうとする。「われわれはこれらの学 (数学と自然科学) に大きな利益を与えたところの思考法の変革 (die Umänderung der Denkart) に存する本質的な点を精考し、また形而上学が数学と自然科学と同じく理性認識 (Vernunfterkenntnis) であるという事情に鑑みて、この両学と形而上学の類比が許すかぎり、形而上学において少なくとも試みに数学および自然科学を模倣してみたらどうか」(ibid., BXVI.)。

カントは次のように想定することを提言する。「われわれはこれまで、われわれの認識はすべての対象に従って規定せねばならないと考えていた」が、「今度は対象がわれわれの認識に従って規定されねばならないと想定する」ことをである。前者の考え方のもとでは、対象に関して何ごとかをア・プリオリに概念によって規定し、われわれの認識を拡張しようとする試みは不可能となる。後者のように考えるならば、形而上学的認識の可能性と一致し、その課題がもっとうまく解決されると期待されうる。形而上学では、対象がわれわれに与えられる前に対象について何ごとかを決定するようなア・プリオリな認識が可能であることが要求されているからである。

もとより、形而上学が数学の「構成」＝作図や自然科学の「実験（Experiment）」を模倣するわけにはいかない。模倣の意味は、仮説を立て事実をうまく説明するよう工夫するという「仮説法」を採用するということになければならない。すでに右の提言がこのような特徴を示している。「認識が対象に従う」と仮定すれば、ア・プリオリな対象認識は不可能となるが、「対象が認識に従う」と仮定すれば、それは可能となる。期待する結果を引き出すために仮説をどのように設定するかが問われているのである。そして、その方法はコペルニクスが用いたものであった。「コペルニクスはすべての天体が観察者の周囲を運行するというふうに仮定すると、天体の運動の説明がなかなかうまく運ばなかったので、今度は天体を静止させ、その周囲を観察者に廻らせたらもっとうまくいきはしないかと思って、このことを試みたのである」(ibid., BXVI.)。

仮説を自由に設定し説明の成否によってそれを検証すること、この手続きの導入をカントは「コペルニクス的転換（die kopernikanische Wendung）」と呼ぶ(14)。そして、それを認識論（彼はそれを形而上学と呼ぶ）に適用するのである。「もし直観が対象の性質に従って規定されねばならないとすると、私はこの性質についてどうしてア・プリオリに何ごとかを知りうるのかが判らなくなる。これに反して、（感官の客観としての）対象がわれわれの直観能力の性質に従うというのなら、私にはこのことが非常によく判るのである」（ibid., BXVII.）。「私が対象を規定するのに用いる概念はやはり対象に従っていると想定すると、私はこの対象に関して何ごとかをア・プリオリに知る仕方についてまたしても前と同じ困惑に陥ることになる」（ibid.）。「対象あるいは経験がこれらの概念に従って規定されると想定すれば、私は問題をもっと楽に解決する方法がここにあることを直ちに知る」（ibid.）。

四　自由をめざして

カントはこの認識論的考察をすでに形而上学と呼んでいる。もちろん形而上学の一部門という意味においてである。そこでは自然科学的な実験が行われているわけではない。対象についてのア・プリオリな認識の成立を説明するための仮説が求められているのである。だが、このような認識はどこまで事実として確認されているのであろうか。とりわけ形而上学の可能性を保証するためア・プリオリな認識の可能性が求められ、それを保証するため仮説が選択されるというのであれば、一つの空回りを演ずることとなりはしないだろうか。

とりわけ、形而上学の対象は「単に理性によってしかも必然的に考えられはするが、経験においてはまったく与えられないもの」である（ibid., BXVIII.）。かかる対象について検証を行うことはできない。せいぜい理性がそれについて考えることすなわち思想とそれを説明する仮説の間の整合的な関係が見いだされるのみである。理性のうちで循環が形成されることによって、説明は成功したとされることになりはしないか。

この問題についてはカント自身気づいているように思われる。「純粋理性の命題を吟味するために、かかる命題の対象について実験を施す（自然科学におけるように）ことは不可能である。まして、これらの命題が可能的経験の一切の限界を超出しようとする場合には尚さらである」（ibid.）。従って、実験は「われわれがア・プリオリに承認しているような概念や原則についてのみ可能である」（ibid.）ことになる。ではその実験とはどのようなものであるのか。形而上学の可能性を追求しようとする関心からすれば、一方で経験科学の妥当性を認めながら、他方では経験の限界を超出する認識の可能性を確保しなければならない。同一の対象をこれら異なる二つの側から考察することが右の概念や原則によって可能となるならば、この要求は満たされる。経験に対しては感性および悟性の対象として、経験の限界を超出しようとする理性に対しては単に考えられただけの対象として考察されるようにするわけである。このことによって矛盾が生ずることはなく、むしろ純粋理性の原理との一致が成立し、これに対してどちらか一方の観点だけから考察すると理性の自己矛盾が生ずるという場合には、二重の見方の設定は正しかったということになる。仮説を投入したことによって理性のうちに矛盾が生じるか否かを確認することが検証の核心である。

かくて、経験科学の妥当性に関して言えば、思考法の革命によって、経験的対象についてア・プリオリに認識する可能性はよく説明できる。また、経験の対象の総括としての自然の根底にア・プリオリに存する法則に十分な証明を与えることができる。対象が認識に従うのであるから、認識者はア・プリオリに対象に規定を与えるわけである。但し、それは、認識の対象を現象（Erscheinung）とするものであって、物自体（Ding an sich）の認識は不可能であるという留保を伴うことになる。そして、それは、現象を超えるものの認識としての本来的形而上学に対しては、それが不可能であることを認めるものとならざるをえない。「経験を超出する認識の可能性」に関しては、思考法の革命は不利な結果を生ずるかのように見える。だが逆に、一見不利な結論が却って超経験的なものを想定する可能性を保証していると考えられるのである。

経験的なものと現象を超えることを強いるものは「無条件なもの（das Unbedingte）」の理念である。理性は一切の条件付きのものに対して無条件なものを要求し、そして条件の系列の完結を要求するわけである。そこで、経験的認識は物自体としての対象に従って規定されると想定するならば、無条件なものは矛盾なしには考えられない。その場合には、無条件なものは経験的に与えられねばならないが、経験は条件づけられたものしか教えないからである。これに対して経験的認識の対象は現象でしかないと考えるならば、無条件なものは知るかぎりものには見いだされないにせよ、知識の限界外にあるもの、すなわち物自体には見いだされると想定することができる。こうして、超経験的なものについて理論的な認識は可能でないとしても、なお別の種類の（実践的）認識の余地が確保されることとなる。思考法の革命は形而上学の本来的目的に関して有効であることが、ここにおいて実験的に検証される。

こうして、現象と物自体を区別することによって、「およそ理性の可能的な思弁的認識はすべて経験の対象のみに限定される」とされる一方、「この同じ対象をたとえ物自体として認識することはできないにせよ、しかし少なくともこれを物自体として考えることができねばならない」という思想が保持されることとなる。同一の対象について二つの見方が成立しうるのである。「われわれの批判は、客観を二通りの意味に解することを教える。すなわち、第一には現象としての客観であり、また第二には物自体としての客観である」(ibid., B XXVII.)。

ここでカントが念頭に置くものは、人間の自由意志 (freier Wille) と自然必然性 (Naturnotwendigkeit) の調停の問題である。同一の存在者――例えば人間の心について、「一方では人間の意志は自由であると言いながら、他方ではこの意志は同時に自然必然性に支配されている、すなわち自由でない」と言うことができるか否かである。右の区別を設けなければ、このように言うことはできない。区別を認めるならば、「同一の意志は、なるほど現象 (見える行為) においては自然法則に必然的に従うものとして、そのかぎりにおいて自由でないと考えられるが、しかしまた他方では、物自体に属するものとして、自然法則に従うものでないからまた自由であると考えられる」(ibid., B XXVIIf.)。物自体としての心や自由を思弁的理性や経験的観察によって認識することはできない。しかし、それを考えることはできる。右の区別によるかぎり、それは矛盾を含まないのである。

このように、カントの関心を引いているものは実践の問題である。或いは、実践的主体としての人間のあり方である。人間は現象界に属するものとして自然必然性、因果律に従うと同時に、自由意志を有すると考えなければならない。自由を前提としてのみ実践的原則（理性にア・プリオリに与えられた）と道徳哲学は可能となるからである。従って、自由は自己矛盾を含まず、少なくとも考えることはできるということを認めなければならない。とはいえ、それ以上の理解を必要とするものではない。また、自由は同一の行為の自然機構をいささかも妨げるものではないということを証示しなければならない。

およそカントが形而上学の主題と考えるのは、神（Gott）、自由（Freiheit）、不死（Unsterblichkeit）であった。そうした問題への関心が人間の自然的素質のうちにはあり、形而上学を生むのである。だが、カントにおいては、この関心は必ずしも思弁的、理論的なものではなく、主として実践的関心と結びついていると見なされる。「私は神、自由および不死（霊魂の）を私の理性に必然的な実践的理性使用（der notwendige praktische Gebrauch meiner Vernunft）のために想定する」（ibid., B XXX.）と言うのである。神と霊魂の不滅を確信し、自由に基づいて行為する人間、そうした人間の成立の可能性を考察することがカントの主要課題であったと考えられる。そして、神と霊魂の不滅を想定する根拠も現象と物自体の区別によって与えられるのである。

思考法の革命とはこうした人間像を可能とするための思考実験であった。それは、ア・プリオリな認識の可能性を追求しつつ、理論的認識に対しては制限を加えるものに他ならなかった。経験を超越して認識すると称する越権を認めるならば、経験界の原理が無制限に拡大され、自由の余地はなくなるからである。また、超経験的なものについての思考を許容するならば、逆により冷淡な懐疑主義の介入を防ぐことはできない。一切の超経験的な思弁を禁ずるということは、懐疑的否定的な言及に対する防波堤となるわけである。こうしてカントはこれらの主題を信仰（Glauben）に委ねる。或いは、信仰の可能性を確保するために思弁（Spekulation）を制限するのである。「私は信仰の余地を獲得するために、知を廃棄（aufheben）しなければならなかった」と語るのはこの意味においてである（ibid.）。

「知を廃棄するならば信仰の余地が生まれる」、「信仰の余地を得ようとすれば知を廃棄しなければならない」——このように解するならば、知の廃棄は信仰が成立するための条件である。信仰という望ましい結果を得るために、知の廃棄（制限）という仮説が立てられていると見ることもできる。そこに実験的手法の模倣がある。

だが、仮説は望ましい結果を導くとしてもあくまで仮説でしかない。それは未だ実証されてはいない。信仰の余地が確保されるか否かは仮説の成否を占う試金石ではある。だが、直接的な検証を経なければならない。認識対象が現象界に限定され、物自体ではありえないこと、現象と物自体の区別が作業仮説としてではなく、直接的に論証されなければならない。そのためには、認識の成立を分析して、その存在性格を明らかにしなければならない。それと同時に、それの彼岸を想定する権限を保持しなければならない。それはいずれもそれ自体としては実践的課題でも信仰の問題でもなく、一つの理論的課題である。現象界と物自体を分かつ二つの世界を想定するという存在論的主張を確立することである。知を制限し信仰の余地を確保するということは、それ自体知の任務である。カントはそれをどのように遂行したであろうか。

こうした直証は「超越論的感性論（die transzendentale Ästhetik）」および「超越論的分析論（die transzendentale Analytik）」において与えられる。経験的認識の構造の解明を通して、認識の性格と妥当範囲が確定されるのである。だが、この直証の道を追うことを開始する前に、カントの形而上学的関心の根底にある人間の実践的自由（die praktische Freiheit）の問題に接近しておくことが彼の方法の全体を捉えるためには重要であろう。それが前面に現れるのは、形而上学内部の混乱を収拾せんとする「超越論的弁証論（die transzendentale Dialektik）」においてのことである。それは現象と物自体を区別する超越論的観念論の間接的論証と見なされる。就中、二律背反論における第三アンティノミーが当面の課題にとって直接の関わりを有するのである。

第二章　因果と自由

一　行為へのまなざし

自由（Freiheit）という概念はなぜ形而上学内部に深刻な問題を引き起こすことになったのか。それが近代自然科学の機械論的・必然的自然観に撞着するからである。自然現象を観察する後者の視点は因果律であった(1)。現象は互いに原因と結果という鎖で結ばれていると見なされる。現象の説明に現象界にある原因以上の条件を求めてはならず、自然は隠れた性質（qualitas occulta）を許容しない。そして、そのかぎりで、自然科学は実験、観察という強固な実証手段を所有しているのである。これに対して、自由は感覚的に明らかであるという意味での実証性、事実性を主張することはできない。それにもかかわらず、自由は事実として確認できるのか。或いは、自然科学の台頭の前に潰え去る迷妄の一つにすぎないのか。それを主張する時、自然科学の命運はどうなるのか。そうした問いが新たに持ち上がるのである。

ともあれ、人間の行為を論ずる際、カントにとって自由は不可欠の前提であった。カントは次のようにこの事情を説明する。「例えば、或る人が悪意のある嘘をつき、かかる嘘言によって社会に或る混乱を引き起こしたとする」(K. d. r. V., A554f., B582f.)。当然、彼は非難を受ける。その際、彼の嘘言の動機は何かが問われ、その嘘言とその結果に対して彼がどれだけの責任を負い、引き受けるべきかが問題となる。

その動機に関しては徹底した経験的な解明の努力がなされうる。彼が悪い教育を受け、不良な仲間と交わり、生まれつき恥知らずで悪性を備え、また軽佻で無分別であることが次々と指摘される。このようにして、嘘をつくように仕向けられた彼の性格の形成過程と原因の究明が行われる。それは自然現象に対する原因究明の手続きと何ら異なるところはない。かくして、人は彼の行為がこれら色々な事情によって規定されていると考えるのである。この説明に満足するかぎり、もしその原因の一々になお然るべき理由があるならば、人はこの不幸な生まれつき、諸般の影響、彼の以前の状態に嫌悪を感じはしても、彼を非難することはしないであろう。

しかしながら、人は行為者自身を非難する。それは次のように前提しているからである。「この行為者の以前の行状がどうであろうと、それは度外視してよい。過去における条件の系列はなかったものと思ってよい。今度の行為は、以前の状態に関してはまったく無条件であると考えてよい」(ibid., A555, B583.)。人は行為者がこの行為をまったく新たに自ら行い、その結果の系列を始めるかのように見なしているのである。行為の原因は、右に挙げたような一切の経験的条件には関わりなく、彼の行為を実際とは異なって規定しえたし、規定すべきであったと見なしているわけである。経験的条件に関わりなく、それから独立してなしうることはしなかったということによって、彼は非難を被るのである。それは不作為の罪と呼ばれようが、為すか為さぬかを決定するのは彼自身であり、その決定根拠は経験を超えた可想的な（intelligibel）ものであると考えられている。

この可想的なものをカントは「理性（Vernunft）」と名づける。それは固有の法則を備えており、人が行為者を非難するのはこの法則に照らしてに他ならない。それは経験的な条件には依存せず、それから完全に自由であって、却って感性的動機に反してすら作用し、作用するべきものと見なされる。理性は行為に対して固有の原因性を有する。感性的動機がそれに賛成しないどころか、まったく反対するにしてもやはりそれ固有の法則に従って作用すると見なされるのである。

こうして、人は「行為者のこれまでの行状はどうであろうと、嘘をつかずに済ませることができたであろうに」と言うことができる。それは、行為者の行為が直接理性の支配下にあることを想定し、「理性はなぜその原因性によって現象を実際とは異なるように規定しなかったのか」（ibid., A556, B584.）と問うことである。それは、理性が感性（Sinnlichkeit）によって触発されるものではないだけでなく、時間そのものをすら超越しているということを意味する。理性そのものには時間的前後というものはなく、時間経過はない。先行状態が後続状態を規定するということはない。自然現象の系列には属さない所以である。もとより、理性によって生じた現象、それの作用の結果はその都度変わりうる。だが、理性それ自身は不変であり、一切の時間的状態における人間の一切の行為に臨現し、また常に同一である。時間のうちに存在しないのであるから、以前に存在しなかった新しい状態へ入るということも新しい状態へと規定されるということもない。

このことはまた、行為の原因をこのような可想的原因（die intelligible Ursache）(2)を超えて求めることはできないということを意味する。なぜそれがこのような事情のもとでかかる現象を生ぜしめ、かかる経験的性格を示すのか（ibid., A557, B585.）ということはもはや問うことはできない。従って、それは行為の最高の原因であり、何ものにも拘束を受けることのない自由な原因であると言わねばならない。こうした自由の想定なしには、行為することも行為について反省し評価することも起こりえないのである。

カントは、このような議論は自由の現実性を証示しようとしているわけではないと断わっている。現実性とは経験的法則に従い、経験から推論できねばならず、右の意味の自由は経験を超えたものだからである。だがまた、自由が可能であるということすらできない。実在的根拠(3)や原因性が可能であることを単なる概念からア・プリオリに認識することはできないからである。では一体自由はどのようにして想定できるのか。当面、それはただ、行為し行為を評価するに当たって前提されていると言うことができるだけである。行為や評価が成立するための条件として自由の概念が不可欠であるということが明らかにされたと言ってよかろう。カントが論究するものは専らかかる概念に他ならず、概念の論究こそは彼の考察——超越論的考察(4)——の課題に他ならないのである。従って、自由は思惟されねばならず、思惟されうるということにとどまる。その意味での可想的なものに他ならない。

とはいえ、超経験的な理性の法則の意識が存するということをカントは「純粋理性の事実（ein Faktum der reinen Vernunft）」として認める（K. d. p. V., S. 56.）。この事実は自由の存在を認識させ、自由の意識をも事実とすることになろう。行為の場面では、自由はそれなりの事実性を以て捉えられているわけである。自由とは先行の条件なしにまったく始めから結果を生じさせうることを意味する以上、それが自然界の因果的必然的連関を中断し攪乱することはないのか否かが更めて問われなければならない。自然的原因とは別種のものであり、別の次元にあるとは言いながら、その結果は自然界、現象界に現れるわけであり、従って自然的原因を有しない現象が存することとなる。これは隠れた性質を認めないとする近代科学の精神そのものに抵触する。かくして、自然の必然観と行為の自由観は現象という現実的場面において衝突する。近代自然科学の成果をも享受し、行為の自由をも不可欠とする人間にとっては、これは是非とも調停しなければならない問題である。しかも、それは理論的自然認識と実践的道徳的行為という領域の区分によって回避できるものではなく、経験的現象界における生起という同一の出来事について二つの観点が両立しうるか否かを問う問題である。

それは一つの理論的思弁的考察を要求する。すなわち、二つの観点をともに成立させるような存在論的体制の構築を要求する。それは――カントの表現には必ずしも馴染まないかもしれないが――新たな宇宙論の創出の要求であると言うこともできよう。すでに示唆されているように、少なくともそれは、経験的現象界だけでなく、超経験的可想界を想定しうるものでなければならないであろう。それによって自然界の連関も自由な行為も保証された時、その有効性は認められることとなるわけである。カントの表現によれば、実践的意味における自由（die Freiheit im praktischen Sinne）は宇宙論的意味における自由すなわち「超越論的自由（die transzendentale Freiheit）」に基づく。「超越論的自由の不成立は同時に一切の実践的自由を滅却するであろう」（K. d. r. V., A534, B562.）。実践的自由（die praktische Freiheit）とは、意志が感性の衝動による強制に関わりなく発動するということであるが、宇宙論的意味における自由とは或る状態を自ら始める能力のことである。後者、或いは少なくとも後者を考えることに基づいて初めて実践的自由も想定しうるわけである(5)。自己自身を規定する能力が本来備わっているという前提がなければ、感性の衝動を克服しようとする努力も生じないこととなろう。行為の自由はこの意味での理論的裏づけを必要とする。或いは、少なくとも人間の全体的把握を目指そうとする時、自由を可能とするような体系を考えなければならない。カントが第三アンティノミーとして自由と必然の問題を取り上げたのはこうした関心からに他ならない。

二　アンティノミー

アンティノミーとは、相対立する主張がともに論証可能なものとして成立し、相譲らぬ状態にあることを言う。カントは人間理性が不可避的に陥るアンティノミーとして四種のものを認めた。宇宙の有限と無限をめぐる対立、物質の無限分割の可能性をめぐる対立、自由と必然性の対立、絶対的必然的存在者の存否をめぐる対立がそれである(6)。人間理性のうちにアンティノミーを発見したことによって、カントはそれの解決の道を求めて対立するいずれにも与しない第三の立場を追求することとなった。自由と必然性の対立とされる第三アンティノミーをカントは次のように呈示している。

定立：自然法則に従う原因性は、世界の現象がすべてそこから導来されうる唯一の原因性ではない。現象を説明するためにはそのほかになお自由による原因性をも想定する必要がある。(K. d. r. V., A444, B472.)

反立：およそ自由というものは存しない。世界における一切のものは自然法則によってのみ生起する。(ibid., A445, B473.)

どちらの主張も「世界の現象」、「世界における一切のもの」に言及しようとしている。そして、反対命題が「すべての現象は自然法則によってのみ生起する」という全称命題によって自然法則の普遍性と万能性を主張するのに対して、定立の側は、自然法則の支配を認めながらも、「すべての現象がそれによって説明されるわけではない」、「若干の現象は自由による原因性によって説明される」と主張するのである。後者の主張が、世界の現象すべてに自然法則は適用されるが、それらはまた自由による原因性からも産出できるというものか、或いは例外的な現象については自由による原因性のみが想定されるというものかについては曖昧なところがある。いずれにせよ、反立が全称肯定命題であるとすれば、定立はそれの部分的否定、特称否定命題であって、形式論理的には厳密な矛盾対当の条件が成立しているように思われる。

カントがそれぞれの命題について見いだす証明はいずれも、反対の主張を仮定した上で不合理を帰結する背理法、帰謬法である。

こうして、定立を主張しようとする者は論ずる。「およそ原因性には、自然法則に従う原因性しかない」と想定してみよ。そうすると、或る現象は先行の現象を原因とし、後者もまたそうであるというように、原因の無限の系列が成立していることになり、この系列を辿って無限に遡行しなければならないこととなる。だが、無限進行は完結するわけにはいかない以上、見いだされる原因は常に下位の始まり、比較的な始まりであり、最上位の始まり、第一の始まりであることは決してない。原因の系列の完全性はまったく存しえない。自然法則の主旨はア・プリオリに十分に規定された原因がなければ何ものも生起しないということである以上、右の事態はこの主旨に反する。それ故、「一切の原因性は自然法則に従ってのみ可能であるという命題は、この命題の無制約的な普遍性を主張すると矛盾に陥る。故に、自然法則の原因性は唯一の原因性としては想定されえない」(ibid., A444, B472.)。それ故、自然法則とは異なる別の原因性、自然法則に従って進行する現象の系列を自ら始める絶対的自発性が想定されなければならない。これなくしては原因の系列は決して完結することはありえないのである。

こうした絶対的自発性が「超越論的自由」である。それは自由の経験的心理学的概念とも意志の自由の概念とも必ずしも一致するものではない。それは、自然法則に従う原因性についても「継起するものもしくは系列を自ら始めるような能力」が想定されねばならないという必然から立てられた宇宙論上の理念である。それは、古代哲学において「第一運動者」が想定されねばならなかった事情と同じであると言えよう。それは、世界の根源を理解する上で不可欠であるとされたのである(7)。そして、一度かかる自由が承認されるならば、人間の意志の自由への疑問も解消することになる。自然原因によらない行為の開始能力を人間に認めることが可能となるわけである。しかも、超越論的自由とは原因性における第一者のことであり、時間的な第一者を意味するわけではないから、現象の時間系列の中にあっても行為が自発的に開始されることが認められるわけである。実践的自由は超越論的自由に基づいて成立するとされることになる。

これに対して反立を主張する者は言う。超越論的な意味における自由なるものが存在すると仮定してみる。自由という原因性は絶対的な始まりを持ち、従って生起する作用より前にはこの作用を恒常不変な法則に従って規定するようなものは何もないことになる。だが、作用が始まるということは、まだ作用していない状態を前提する。そして、自由を認めるかぎり、この状態と作用との間に因果的な結合があってはならない。従って、超越論的自由は因果律に反するのみならず、自然の合法則性を攪乱し、経験の統一を不可能にする。規則に従い出来事の出所を絶えず遡及して行く経験の歩みを中断し、経験そのものを不可能にする。よって、超越論的自由を容認することはできない。

反立の理解によれば、およそ自然は無制限なものであって、それに限界を付したり想像力に停止点を与えたりすべきではない。経験の統一は世界における実体の存続を前提し要求するし、その状態の変易、変化の系列も存続して来たと想定することは困難ではない。この系列の無限の導出をわれわれが実際に行うことができるとするのは難しい。だが、この自然の謎を放棄すべきではない。変化一般の可能性すらア・プリオリに知られるわけにはいかない。変化が現実に存在することを経験によって知りうるのみである。

仮に超越論的自由を認めるにせよ、それは世界の外に求められなければならず、世界そのもののうちでは実体に自由という能力を認めるべきではない。自然と自由を同列に置くならば、自然法則は自由によって絶えず変化させられ、現象の過程は、自然だけに従ってさえいれば、規則的、整合的であるのに、これもまた自由の影響によって混乱に陥り、支離滅裂になるからである。

定立への注においてカントが与えた例にこの危惧が的中するのか否かが問われよう。

「私が、(例えば)いま完全に自由であり、必然的に規定する自然原因の影響力を受けずに椅子から立ち上がるとすれば、この出来事によって無限に達する自然的結果とともに新しい系列が端的に生じる。時間的に言えば、この出来事は先行する系列の継続にすぎない。しかし、この決意と行為とは単なる自然的結果の連続のうちにはまったく存しないし、その継続でもない。この出来事に関しては、規定する自然原因はかかる決意と行為よりも前にすっかり終わっているからである。この出来事は右の自然的原因に続きはするが、その結果として生ずるわけではない。したがって、それはなるほど時間的にではないが、しかし原因性に関しては、現象の系列の絶対的に第一の始まりであると言わねばならない」(ibid., A450, B478.)。

アンティノミーは、時間系列中のこの行為が自由によりながら、しかも同時に因果的な説明を許容するといった場合にのみ、解決されえよう。それは自然と自由を同列には置かず、自由そのものは時間を超えているというカントの注によって示唆されているようにも見える。但し、その時、自由は、いわば自然的経過をそのまま承認するような仕方で、換言すれば必然性を追認するような仕方で働くこととなる。

だが、その場合には自然現象を超えた次元が想定されているのであり、探究を自然現象に限る科学の立場にとっては、自由は依然として不必要である。自然の原因の探究をどこかで停止させるか、或いは無限の探究を課するかという点では、定立と反立は妥協の余地なく対立すると言わねばならない。それは真の矛盾であると見なされたのであった。カントはこの問題をどう解決するのかを見なければならない。

カントが宇宙論的アンティノミーを解決する鍵とするのは、超越論的観念論(transzendentaler Idealismus)という彼の認識論的立場である。それは、認識(経験)の対象を現象と見なし、物自体ではないとするものに他ならない。およそ認識とは、感覚器官を通して与えられる感覚的与件を思惟することによって成立するのであって、それが取り扱っているものは表象(Vorstellung)に他ならない。対象が構成されたとしてもそれは表象を超えるものではなく、せいぜいわれわれにとっての現象

(Erscheinung) にすぎない。この現象の原因を求めようにも、この認識の立場からは知るすべもない。現象する物自体が何であるかは知られえないのである。

もとよりカントの意図は、認識を夢や空想と同じものとすることにあるのではない。彼は科学的認識の客観性(Objektivität)、確実性(Gewißheit)、普遍性(Allgemeinheit)、必然性(Notwendigkeit)の解明を企図していたのである。ともあれ、このような認識論はまさしく科学的認識の対象である法則的自然を現象として規定し、その絶対的実在性を否定し、物自体という別の次元のありうることを示唆する。もちろん、物自体を積極的に呈示することはできないにせよ、現象の限界を言うことによって物自体が否定的に開示されることとなるわけである。逆に言えば、物自体は現象を限界づけるものとして不可欠の機能を果たしている。限界概念(Grenzbegriff)としての物自体は現象に先だって所有されていなければならないということになろう。

こうして、現象という経験的世界に対して、これを超える可想的世界を想定する可能性が与えられる。そして、自然界を唯一の絶対実在と見なすならば解き難い二律背反に陥る問題が、この二元的体制によってよく調停されることになるわけである。まさに矛盾を解決するのに有効であることによって、超越論的観念論は人間理性の整合性の保持に寄与しており、その真理性の間接的証明を果たしていることになる。仮説を投入し、それが現象の説明原理として有効であることを理由としてそれを蓋然的に真であるとする仮説的実験的方法が取り入れられていると言うことができよう。

かくして、自由と必然性のアンティノミーに対するカントの解決は次のようになる。「もし現象が物自体であるとすれば、自由は救われようがない。そうなると、自然はそれ自体どんな出来事をもそれ自身で十分に規定する完璧な原因であり、出来事の条件は常に現象――即ちその結果とともに必然的に自然法則の支配下にある現象の系列にのみ含まれることになる」(ibid., A536, B564.)。「これに対して現象は事実そのとおりのものであってそれ以上のものではないとすれば、――すなわち、物自体ではなくて、経験的法則に従って連関している単なる表象に他ならないとすれば、かかる現象そのものは、現象ではないような根拠を持たねばならない」(ibid., A536f., B564f.)。一体、「現象を単なる表象として規定する」ためには、現象の根底に超越論的対象が存しなければならない。「してみると、われわれがこの超越論的対象(ein transzendentaler Gegenstand)(8)に、それが現象として現れるための性質の他に、一定の原因性――つまりその結果は現象のうちに見いだされるにせよ、それ自身は現象でないような原因性を認めたところで少しも差し支えないわけである」(ibid., A538f., B566f.)。

かかる根拠をカントは「可想的原因(eine intelligible Ursache)」と呼ぶ(ibid., A537, B565.)。「可想的」とは「感官の対象に備わっていてしかもそれ自身は現象でないもの」(ibid., A538, B566.)を言う。これに対して、結果が感性界における現象を原因とするそれと見なされるならば、その原因は「可感的原因(eine sensible Ursache)」である(ibid.)。可想的原因は現象の根拠である故に、結果を現象として持つ。だが、可想的原因そのものは現象によってその原因性が規定されることはない。従って、この可想的原因とその原因性とは現象の系列の外にある。しかし、この可想的原因から生じた結果は現象であり、経験的条件の系列のうちにある。従って、それは可想的原因による他に現象のうちなる原因によっても規定されることとなる。かくして、同一の現象が二つの原因を持つことができ、「その可想的原因に着目すると自由であると見られうるが、しかしそれと同時に現象という観点からは自然必然性に従って現象から生じた結果と見なされる」(ibid., A537, B565.) ことが可能となる。

こうして、現象を現象として認識することに伴う限界の意識と物自体の思想によって、自由と自然は別々の領域に割り当てられ、衝突を免れることができる。しかも、同一の現象に関してどちらもが成立する。「自由と自然のそれぞれは語の完全な意味において、同時にまた些かも矛盾することなく見いだされることになろう」(ibid., A541, B569.)。

三　経験的原因と可想的原因

以上のようにして、宇宙論における自由の可能性は保証された。現象に関して二つの見方、原因の想定が可能となった。それに基づいて人間の実践的自由も理論的な裏づけを与えられたことになる。では、こうした見方によって人間を見る時、人間はどのような姿を呈するであろうか。現象一般についてと同じように、カントは人間についても二種類の原因性が可能であることを主張する。

「感性界においては現象と見なされなければならないものが、感性的直観の対象になりえないような能力も備えており、この能力によって現象の原因となりうるとすれば、かかる存在者の原因性は二つの面から考察されうる。すなわち、この原因性は――第一に、その働きが物自体の働きと見なされるならば、可想的とされ、――また第二に、その結果が感性界における現象の結果と見なされるならば、感性的とされる」(ibid., A538, B566.)。

超感性的な能力を有する主体の原因性について、経験的概念と可想的概念が構成されるのである。ところで、原因はそれが作用する際の法則を有さねばならない。この法則がないと原因はまったく原因でなくなってしまうのである。この原因の原因性の法則をカントは「性格(Charakter)」と名づける。従って、右の主体は「経験的性格(ein empirischer Charakter)」と「可想的性格(ein intelligibler Charakter)」を有することになる(ibid., A539, B567.)。

では、かかる可想的性格はどのようにして知られうるのか。それは「直接知られ(gekannt)うるものではない」(ibid., A540, B568.)。われわれは現象として現れうるものしか知覚することができないからである。とはいえ、それは「可想的」という形容に相応しく、経験的性格に対応して考えられ(gedacht)えなければならず、そうしなければならない。それは現象の根底に超越論的対象を置かざるをえないのと同様である。それ自体が何であるかをまったく知ることがないにせよである。これに対して、経験的性格は「経験によって認識される(erkannt)」(ibid.)。そして、可想的性格は現象によって指示されるのである(ibid., A551,B579.)。

こうして、可想的性格は経験的性格ないし現象によって指示され、これに基づいて思惟される。だが、逆に、「経験的性格そのものは可想的性格のうちで規定されて（bestimmt）いる」（ibid.）(9)。経験的性格は可想的性格の感性的記号（das sinnliche Zeichen）であり（ibid., A546, B574.）、感性的図式（das sinnliche Schema）である（ibid., A553, B581.）。両者の間にはいわば認識根拠と存在根拠の関係が成立する。従って、両者は完全に対応しており、同一の行為を構成する不可欠の視点となる。

さて、こうした視点を人間に適用するとどのようなことになるか。「人間は感性界の現象の一つである」（ibid., A546, B574.）。実践的行為主体としての人間の自覚に立つのではなく、人間を外から観察するにとどまるかぎり、人間が感性的現象として登場することは言うまでもない。そうした人間に行為能力を帰する時、その原因性は経験的法則に従うと考えなければならない。それは自然原因であり、人間はそのようなものとしてあらゆる自然物と同じく経験的性格を持たねばならない。このような経験的性格は、人間の行動において表示される諸力や能力について看取することができる（ibid.）。

およそ原因の概念は、或る現象が規則に従って生ずる場合に成立する。この規則は、原因が同一であれば結果は常に一様であることを主張する。結果が一様であることが原因の概念を確立するのである。そして、この規則性と一様性を保持する能力が想定されるわけである。このように、経験から出発し、そこに規則性と一様性を見いだし、能力としての原因を想定する時、この原因の概念が〔能力としての原因の〕経験的性格と名づけられるのである（ibid., A549, B577.）。

この性格は人間理性の持つ原因性の一種と解される。現象の一様性はそれが理性に基づくことを推知させ、その規則を理性の規則と見なさせる。そして、この規則に従って理性根拠が推知されるに至る。この理性根拠は行為をその種類と程度に関して吟味し、更にまた彼の意志の主観的原理（格率）を批判する基準となる。

とはいえ、経験的性格そのものは現象と経験的に知られる現象の規則から知られるものである。従って、現象界における人間の一切の行為は、彼の経験的性格と自然の秩序に従って共に作用する他の自然原因によって規定されていると見なされうる。それ故、人間の意志の一切の現象を徹底的に究明しうるとしたら、人間のどんな行為も確実に予言でき、またそれをそれより前にある条件から生じた必然的結果として認識しうることとなる（ibid.）⑽。

だが、人間はこのように外的・感覚的に捉えられるだけではない。全自然は感覚によってしか人間に開顕されないが、「人間は自己自身を感官（内官、外官を含め）によって認識するばかりではない」。感官には帰せられずむしろ感官の根底にあって感官を成り立たせる統覚（Apperzeption）があり、「われ思う（Ich denke.）」ないし「われあり（Ich bin.）」という意識がある。「人間は単なる統覚によっても自己を認識する」のである。それは感官の印象とは見なしえない行為や内的規定における自己認識に通じている。こうして、「人間は一方では自己自身に対し確かに現象的存在（Phänomen）であるが、しかしまた他方では――すなわち或る種の能力に関しては、まったく可想的な対象なのである」（ibid., A546, B574.）。

カントはこのような能力を悟性（Verstand）ないし理性（Vernunft）と名づける。とりわけ、理性は「経験的条件を付せられている一切の力から区別される」（ibid., A547, B575.）。「理性自身は現象ではない」(ibid., A553, B581.) のである。そして、理性は行為に関わるかぎり「実践理性 (die praktische Vernunft)」(11)と名づけられねばならない。

実践理性が原因性を有することは、道徳的命令のあることから推察される。道徳的命令は、われわれがあらゆる実践的(道徳的)な事柄において決意し実行する力に規則として課するものである。それは、外的観察によっては必ずしも捉えられない、内なる立法による。人間はこの内なる要請に従うことにおいて経験的現象を超えたものとして自己を自覚するわけである。自然について認識されうるのは、何が存在しているか、ということだけである。これに対して、道徳的命令は、何か或るものが時間的関係において実際に存在しているのとは異なったものであるべきだということをすら要求する。

「べき (Sollen)」の表示するものは或る可能的行為であり、その行為の根拠は純粋な概念であって、自然的根拠ではない。自然的根拠(感性的刺激)が何かを「意欲する」よう仕向けることはありえても、「べき」を生ずることはできない。「べき」は必然的なものであり、無条件的な要求をなす。これに対して、自然的根拠は条件つきの「意欲」しか生じない。「べき」は意欲に対して、節度と目標、それに禁止や尊敬をすら指示する。「べき」の表現する必然性と根拠の結合は、全自然の中でも他には決して現れていないような種類のものである。

このように、理性は経験的に与えられた根拠には一歩も譲らず、また現象としての物の秩序に従うことも認めない。理性はまったく自発的に独自の秩序を形成し、この秩序に経験的条件を適合させる。もちろん、可能的な行為を遂行する上では自然的条件に従わなければならない。だが、自然的条件が理性を根拠とする意志を規定することはない。逆に、理性は生起しなかった行為、或いは生起しないであろうと思われる行為をも理念的には生起すべきであると主張する。また、一切の行為について、それを生じさせた原因性が理性にあることを前提するのである。

カントはこうした事情を一つの実践的事実として承認する。「われわれがこの行為を実践的意味における理性と比較するならば、われわれはここに自然の秩序とはまったく別の規則と秩序を見いだす」(ibid., A550, B578.)。「われわれは、理性の理念が、現象としての人間の行為に関して原因性を持つことを実際に示したこと、これらの行為が生じたのはこれらが経験的原因によってではなくて、理性的根拠によって規定されたからこそであることを、見いだすことがあるし、少なくとも見いだすと信じているのである」(ibid.)。

さて、このように現象に対する原因性を理性に認めるならば、それは「理性は経験的性格を持つものとしてまったく厳密に規定され、必然的である」(ibid., A551, B579.)(12)ということと両立しうるであろうか。自由と必然性のこの対立は最終的にどのように調停されるのか。それは人間の行為について二つの見方が成立するということを意味するのだろうか。また両者は矛盾せず相互補完的であると言うのであろうか(13)。或いは更に、可想的性格が経験的性格を、また個々の行為を一元的に規定すると語られているのであろうか。

カントは経験的性格と可想的性格の間になお規定関係を認める。「経験的性格は可想的性格の感性的図式(Schema)に他ならない」(ibid., A553, B581.)。だが、かかる可想的性格を人は知っているわけではない。それは経験的性格を図式としてそれを手がかりに推知する他はない。或いは現象をそれの記号として表示する（bezeichnen）他はない。右のように、理性と道徳法則の事実性を認めながらカントは道徳性に関して不可知論を展開する。

「従って、行為の真の道徳性（功績と罪過）はもとより、われわれ自身の行状の道徳性すらわれわれにはまったく隠されたままである。われわれが責任を問う場合、それは経験的性格にしか関係させられえない。しかし、どれだけが自由による純粋な結果であり、どれだけが単なる天性なり、或いは責めることのできない気質的欠陥なり、或いはまた気質の幸福な性質なりに（merito fortunae）帰せられるのかということは、誰にも究明できることではなく、従ってまた完全に公正な判断を下せるものではない」（ibid., A551, B579, Anm.）。

にもかかわらず、「理性は一切の意志的行為の恒常的な制約である。（……）そして、一切の行為は純粋理性の可想的性格の直接的結果である」（ibid., A553, B581.）とされる。それは経験の系列と経験的法則を超えたところに想定され、これらによって規定されることはないものとして措定されるのである。従って、それについては時間的な前後ということはなく、それに先立つ条件といったものもないことになる。それは、経験的条件に無関係であるという意味での消極的自由を有するのみならず、出来事の系列を自ら始める積極的な能力と考えられるのである(14)。

では一体、かかる能力が経験的自然界の必然的連関を攪乱することなく、行為を現象界に生じさせるということはどういうことか。「経験的自然界の必然的連関を攪乱することなく」という配慮は、進行しつつある現象の系列を前提している。その中の一時点で理性が行為を指令するというわけである。だが、それは理性をすでに時間的な先後関係の中に置くことに他ならない。これに対して、カントは理性が一切の時間系列を超えていると言うのである。そのことの意味は何か。

「単なる可想的能力としての純粋理性は、時間形式にも、従ってまた時間継起の条件にも従うものではない。可想的性格としての理性の原因性は発生するものではなく、また或る時点において始まり結果を生ぜしめるものでもない」(ibid., A551, B579.)。

もちろん、個々の行為そのものは時間経過の中で起こる。それには前があり、後がある。その経過の只中に理性が行為を生ずると言えば、いかにも理性が経過の中に介入するかのようである。理性は内官の現象のうちに一つの結果を生む。それが行為の前にある現象である。そして、それが行為の始点に他ならない。そこから、出来事の継起的系列が始まるわけである。では、その開始以前の系列と開始以後の系列の関係はどのようになっているのか。開始以前と以後の間には、やはり因果系列の中断があると言わなければならないのではないか。もちろん、行為は自然的条件を無視しては行われず、目的や意図はそれなくしては実現されない。そのかぎり、自然的条件と結果の関係は成立する。だが、目的や意図そのものは新たに持ち込まれた出来事であると言わねばならないのではないか。

カントは「いかなる行為も（その行為が他の諸現象との時間関係のうちにあるにかかわらず）純粋理性の可想的性格が直接生ぜしめた結果である」(ibid., A553, B581.) と言う一方、「経験的性格が人間の一切の行為の（経験的）原因である」(ibid., A552, B580.) と言う。それを二律背反とはしないとすれば、問題は可想的性格と経験的性格の関係を如何に捉えるかにかかっていることになる。それはすでに考察を加えた点であるが、一人の人間の全行為を通して経験的性格が推知され (abnehmen)、それを介して可想的性格が想定されるとするならば解決が得られよう。人間は現象であり、他の諸現象との関係のうちに組み込まれ、一定の法則性を以て他の現象と関係する。そのかぎり、現象界は必然性を保ちつつ進展する。そして、この法則性が経験的性格を推知させ、それを介して可想的性格が想定されることにより、可想的性格は経験的性格をそれの現象様式、図式として現象界に臨現し、行為を発現させるのである。このように考えることによって人間の行為をめぐる難問は解決される。

四　「私」の実存

現象としての行為を通じて知られる経験的性格の規定根拠として可想的性格を想定しうるということ、それは現象と物自体の区別に基づいている。現象は物自体ではないものであるために、自存しているとは言えず、その根拠を必要とする。現象がまさにそれの現象であるものをである。現象とはこの根拠の現象である。カントはそのような根拠を「超越論的対象（der transzendentale Gegenstand）」と名づける。

すなわち、彼は第一版（A）の演繹論において現象を表象と規定した上で、この表象の対象であるはずのものを「超越論的対象」と呼んでいる。「ところで、これらの現象は物自体自身ではなく、それ自身表象でしかない。そして、表象はまたそれらの対象を有する。この対象はわれわれによって直観されることはもはやできず、従って、非経験的な、すなわち超越論的対象＝Xと名づけられよう」(ibid., A109.)(15)。それは直観されず認識されえないものだが、われわれの経験的概念を対象に関係させ、それに客観的実在性（die objektive Realität）を持たせるものとして機能する。「この超越論的対象の純粋な概念は（現実にはわれわれのすべての認識のもとで常に一様＝Xである）、一切のわれわれの経験的概念一般の中で対象への関係すなわち客観的実在性を与えることのできるものである」(ibid.)。

いったい「思惟とは与えられた直観を対象に関係させる働きである」(ibid., A247, B304.)。対象は認識活動が主観的表象としての与えられた直観の多様を整序し一つの意味ある像にまとめ上げることによって成立すると考えられるかもしれない。対象はそのかぎりでは構成されたものであり、その根拠は主観の構成作用のうちにある。だが、そのように言うだけでは、対象は主観的産物であり、表象の次元にとどまる。それは、他に整合性を持って構成される表象がある場合、これから区別され客観性を主張しうるだけの特徴を有しない。それを区別するためには、それに対して実在的なものが対応していると考えねばならない。それを主張しうる時に、認識は客観性を持ちうるわけである。従って、それがまさにそれの像であるものが存すると考えなければならない。このものを人はかかる像として認識するわけである(16)。だが、そうしたものは直観の所与を超えたものであり、それについては直観的内容は与えられない。それは直観的内実を欠く思惟物にすぎない。それ自体が何であるかを言うことのできないXにすぎない。そうしたものが超越論的対象なのである。右の引用に続けてカントは言う。「この直観の仕方がまったく与えられていない場合には、対象は単に超越論的である」(ibid.)。それは、物自体は思惟可能だが認識されえないというのと同じである。それには如何なるカテゴリー(範疇)も本来適用されない。「それは量としても、実在性としても、実体等としても考えられえない」(ibid., A288, B344.)。「われわれは実在性、実体、原因性等の概念によって自体的にそれの現実性を前提することはできない」(ibid., A679, B707.)。「それについては、それがわれわれのうちに見いだされるのか、われわれの外にも見いだされるのか、それは感性と同時に廃棄されるのか、或いは感性を捨象してもなお残るのか否かはまったく知られていないのである」(ibid., A288, B344f.)。それは単なる思惟物(Gedankending)とされる(ibid., A566, B594.)。

にもかかわらず、そうしたものが思惟されねばならない(ibid.,A251f.)。こうした対象が表象に対応しているというだけではない。それはカテゴリーの適用を斥けると言いながら「現象の原因(die Ursache der Erscheinung)」(ibid., A288, B344.)とされ、「現象の根拠」であるとされる。「超越論的対象(客観)は、外的現象に対しても内的直観に対しても、その根底にあるものであって、物質でも思惟する実在それ自体自身でもなく、われわれには知られていない現象の根拠（ein uns unbekannter Grund der Erscheinungen）なのである」（ibid., A379f.）。現象の間にのみ適用されるはずの原因―結果の概念が超越論的対象と現象の間に適用されている。それをカテゴリー・ミステイクとして斥けるのでなければ、それは現象間の因果関係とは違ったものであると言わなければならないであろう。それは超越論的対象をまさしく現象する当のもの、現象として現れるものとして思念させるもののように思われる。或いは現象の系列を自ら開始するような自由な原因性を有するものとしても考えられよう。いずれにせよ、単なる対応関係を超えて、現象ないし表象と対象の間に因果関係を想定することによって、認識ないし表象の客観性または実在性が保証されるわけである。

カントはかかる対象をヌーメノン（Noumenon）と呼ぶかどうかはわれわれの自由であるとしている。それについての観念（表象）は感性的ではないからである。それにわれわれの悟性概念を適用できない以上、その観念はわれわれにとって空虚である。そうした空虚な想念に依拠して表象の客観性を保証するということは奇妙なことのように思われるかもしれない。だが、それの効用は、「われわれの感性的認識の限界を表示し、可能的経験によっても純粋悟性によっても充たすことのできない空間を残す」ことに他ならない（ibid., A288f., B345.）。それは限界概念として機能する。そうすることによって現象一般の背後にその原因ないし根拠を想定することが可能なのである。「この超越論的対象にわれわれはわれわれの可能的知覚の全範囲と連関を帰することができる。そして、それは一切の経験に先だってそれ自体自身として与えられていると言うことができる」（ibid., A494, B522f.）。そして、それがまた行為主体のうちに、自由な可想的主体を想定することを可能にする。可想的主体とは現象一般について語られうる原因の概念を特殊な行為主体に適用したものであると言うことができよう(17)。

このことは、超越論的対象を対象（客観）の側から主体（主観）の側に反転させるならば、自由な行為主体の概念となることを示している。カントは超越論的対象に上昇する今一つの機縁となる事情について述べている。——自然の出来事は例外なく因果律によって支障なく説明される。だが、そうした自然原因の中に可想的能力を有する原因が含まれていると仮定する。そして、それを行為に規定するのは経験的条件に基づくのではなく、単なる悟性の根拠に基づくと考える。とはいえ、かかる原因の現象のうちでの行為は経験的原因性の全法則に従うものとする。そうした場合、自然的説明の進行には何ら中断が生ずることはない。なぜならば、このような仕方でならば、現象の原因（causa phaenomenon）としての行為主体は、この行為のすべてを従えながら自然と結びついているであろうからである。自然法則に従うかぎり、人は「諸現象とその連関の根拠（ein Grund von diesen Erscheinungen und deren Zusammenhange）」すなわちそれの可想的根拠（der intelligible Grund）に対しては無関心でいることができる。人は単に経験的性格を最高の説明根拠としていればよい。それの超越論的原因（die transzendentale Ursache）としての可想的性格は知られえない。だが、それは経験的性格をそれの感性的記号（das sinnliche Zeichen）とし、それを介して呈示されると考えることは可能である（ibid., A545f., B573f.）。

第一版（A）の演繹論において示された超越論的対象の概念は第二版（B）の演繹論には見いだされない(18)。にもかかわらず、弁証論においてそれは変更されることなく用いられている。その理由の一つとして、自由と必然性の衝突する場である行為主体をめぐって特にカントがそれを必要としていたという事情が挙げられよう。ここでは、対象的方向において現象の背後に捉えられていたこの概念が、主体の側に、超越論的対象ではなく「超越論的主観（das transzendentale Subjekt）」として捉えられる。「それはわれわれにとって経験的には未知であるが、現象と現象の連関の根拠として思惟される」（ibid., A545, B573.）のである。

超越論的対象と超越論的主観（主体）は対立極にあるにかかわらず、知られえず、それが何かという問いには答えられないという共通の事情を有している。超越論的主観そのものは現象ではなく、対象として与えられもしない。どんなカテゴリーもこの対象に適用されるための条件を備えていないとカントは言う。従って、それについて説明を求めることは無意味である。「明確な述語によって考えられえないようなものの性質を問うことはまったく無意味であり無内容である」（ibid., A479, B507.）。それにもかかわらず、それに述語を与えようとしたところに合理的心理学（die rationale Seelenlehre oder Psychologie）の誤謬があった。「超越論的弁証論」の誤謬推理論はかかる誤りから超越論的主観を救い出そうとするものであったと言ってよかろう(19)。

前節において見たとおり、カントは「人間は全自然を通常は感官によって知るのだが、自己自身をまた純粋な統覚によっても認識する。しかも感官の印象とは見なしえないような行為や内的規定において自己を認識する」（ibid., A546, B574.）と述べて、超感性的な自己認識の可能性を認めていた。そして、それが実践的行為主体の自覚とつながっており、超越論的主観の想定への導線となっていたことを否定するわけにはいかない(20)。だが、カントはそうした概念を実体化することを厳しく戒め、それを実践的に生かすことを説いている。

一体、統覚における「私は考える」という概念ないし判断（命題）は「あらゆる概念一般の運搬具」であり、「一切の思惟に伴い」、それを「私は考える」という意識に属するものとして示すものであり、それ以上の機能を持たない。それはそのかぎりでは経験的内容を持たない。そして、その概念からのみ推理し「私」について述定を与えようとするところに合理的心理学が成立するのである。だが、「私は考える」は右のような論理的機能を意味しうるにすぎないかぎり、それについては如何なるカテゴリーの適用も認められない。「〔私という〕この表象は、概念であると言えるようなものでは全然ない。むしろ一切の概念に伴う単なる意識にすぎない。思惟する者としてのこの『私』或いは『彼』或いは『それ』（物）によって表象されるのは、諸思想を担う超越論的主観として表象されたもの＝Xでしかない。その時、諸思想はこの主観の述語と見なされる。だが、主観はこれらの思想によってしか認識されえない。かかる述語から分離されるならば、我々はこの主観については最小限の概念すら持つことはできないのである」（ibid, A346, B404.）。それに述語を与えようとすれば、それを作用させなければならない。この作用を知覚することを通してのみ、その内容は知られるのである。それは取りも直さず経験的な認識に他ならない。そして、「私」それ自身が何であるかは全然語られえないのである。

「私は思惟する私を意識することによって私自身を認識するのではない。私は思惟の機能に関して規定されているものとして私自身の直観を意識するときに、私自身を認識するのである。従って、思惟自体における自己意識の様態は、いずれもそれ自身まだ対象に関する悟性概念（カテゴリー）ではなく、単なる機能にすぎない。しかし、かかる機能は思惟に対象を認識させるものではない。従ってまた私自身を対象として認識させるものでもない」(ibid., B406f.)。

こうして、「思惟する私」に実体性、単純性、数的同一性、身体との相互関係等を認めようとする合理的心理学（psychologia rationalis）は誤っていると言わなければならない。「私」については内観に与えられる所与を通して知る他はなく、経験的心理学（die empirische Seelenlehre）しか成立しないというのがカントの結論である。それは、「私は考える」によって経験界を超出することへの戒めともなる。

だが、合理的心理学を断念することは、理性の使用を実践的使用に向かわせるための機縁である。「理性の実践的使用は、どのみち経験の対象に向けられているにせよ、その原理を経験よりも一層高いところから取ってきており、恰もわれわれの本分が経験を無限に越え、従ってまたこの世の生を越えて無限の彼方にまで達するかのように、われわれの行為を規定する」(ibid., B421.) とカントは言う。

そうした実践の道を掃き清めるために徒らな思弁が禁じられるのである。それは統覚の論理的機能を純粋に確保することに通じるが、それによってまた「理性は直ちに実践的能力自体として自然秩序の条件だけに制限されることなく、目的の秩序およびこれとともにわれわれ自身の実存を経験とこの世の生との限界を超えて拡張する資格を持つことになる」(ibid., B425.)(21)。

超経験的な思弁が禁じられるのは、まず「私は考える」の論理的機能を純粋に保持するためである。思惟によって表象される「私」が何か客観的なもののように見えるとすれば、それは客観を直観する仕方を度外視して、自分自身を「客観一般」として考えることによる。そうすることによって「私」を「思考の主観」或いは「思惟の根拠」といったものとして想定することとなるわけである。だが、それはあるがままの私でもなければ、私に現れるままの私でもない。それを思惟するための材料は何一つ与えられてはいないのである。

だが、われわれの存在を自らア・プリオリに規定するものとしてわれわれ自身を想定させるような機縁がないわけではない。すなわち、道徳法則において純粋な理性使用の規則ならびにわれわれの存在に関わるような規則がア・プリオリに与えられており、それによってわれわれの現実的存在を規定する自発性がわれわれの意識のうちにあることを知るのである。それはわれわれの感性的存在を可想界に関わらせるものであり、自由を或る種の内的能力として思念させる。かくて、自由と自由な主体という概念が成立するのである。

このように、カントは合理的心理学の批判を通して「私は考える」ないし「私」の論理的意味を明らかにするとともに、それが自由な実践的主体の意識に通じていることを示している。論理的機能は表象を統一する機能として経験的意識に関与するものであるが、その同じ「私」の意識がまた行為の主体でもある。経験的認識の対象とはならない「私」がいわば自由な立法の立場から理論的認識にも向かい、実践的行為をもなすことになる。しかも、いずれもが経験界を目指しているのである。カントの合理的心理学の批判は「超越論的主観」の概念によって認識主体と行為主体の結合点である「私」の概念を呈示する役割を果たしているということができる。それが現象の概念ないし現象と物自体の区別に基づいて可能であったことは最早繰り返すまでもないであろう。

第三章　認識の限界

一　物と心の分離

二律背反を始めとして人間理性の陥る仮象を解く鍵は超越論的観念論にある。弁証論（die transzendentale Dialektik）はそれを間接的に論証するものとされていた。超越論的観念論を前提すれば、純粋理性の自己矛盾がうまく解消するからである。だが、そのように言うかぎりでは、それはまだ一つの仮説にすぎない。それは直接的な裏づけを持たなければならない。それを遂行するものは認識の分析・解明であり、これに基づく認識の評価である。それは、理論的認識は現象界に及ぶのみで物自体に達することはできないと結論する。そして、それを決定的なものとしているのは「超越論的感性論（die transzendentale Ästhetik）」である。従って、そこにおける議論の立て方と基本的枠組みを検討することが課題となる。

カントの認識論の特徴は経験主義と先天主義の総合にある。それは受容性（Rezeptivität）と自発性（Spontaneität）の総合とも、感性と悟性の総合とも言うことができる。「感性を介して対象がわれわれに与えられ、悟性によってそれらは思惟される」（ibid., A19, B33.）という表現がその事情をよく示している。与えられた対象を悟性が思惟することによって認識は成立するのである。その際、悟性は自らに備わった概念を用いて自発的に所与の対象に向かうわけである。

だが、そもそも対象が与えられるということはどういうことか。それは「少なくとも人間にとっては、対象が或る仕方で心を触発する（affizieren）ことによってのみ可能である」（ibid.）(1)。対象が能動性を有し、心はそれによって触発されるという受動的関係にあるとされる。この触発のされ方、それは種々の感覚器官が示しているであろう。視覚、味覚、嗅覚、聴覚、触覚、温覚そして内部感覚である。それらの器官を通じてわれわれは諸表象を受け取る（bekommen）。器官そのものは予め備わっているのであるから、所与とは言いえない。また、受け取るということにも、何らかの積極性がなければならないと考えられる。少なくともそれは一つの能力（Fähigkeit）である。とはいえ、それは産出的ではない。それは受容性ないし感受性である。そして、この感受する能力が感性（Sinnlichkeit）に他ならない。感性による以外に対象は与えられようがないのであるから、すべての思惟は感性を前提し、感性に関係するのでなければならない。

だが、触発とは何か。対象が心を触発する様そのものを心は捉えることができるであろうか。心がただ触発されること、受容することから認識が始まるとされる以上、如何なる認識能力を以てしてもそれを見ることはできない。触発の結果をただ受け入れる他はないことになる。対象が表象能力に及ぼす作用の結果（die Wirkung eines Gegenstandes auf die Vorstellungsfähigkeit）を「感覚（Empfindung）」と呼ぶ。心は感覚を媒介にして触発者と見なされる対象に関係するわけである。そして、認識がこのように対象に関係する働きが「直観（Anschauung）」に他ならない。それによって認識は対象に直接的に関係する。そして、思惟が関係を持とうとするのは直観なのである。

ここで注意すべきことは感覚と直観の区別であろう。感覚を介して直観が対象に関係するというのであるから、直観は感覚とは異なり、それとは違った面を有すると言わなければならない。それは必ずしも感覚に拘束されるものではない。そこから、直観は「経験的直観（die empirische Anschauung）」と「純粋直観（die reine Anschauung）」に分類されることになる。「感覚を通して対象に関係する直観は経験的と呼ばれる」（ibid., A20, B34.）。但し、この対象はまだ思惟による規定を受けてはおらず、無規定的である。かかる無規定的対象をカントは現象（Erscheinung）と呼ぶ。この対象ないし現象は感覚の授与者ないし原因としていわば感覚に基づいて逆推理されたものであるから、推理の帰結に他ならず、そのかぎり、心のうちにあるものとされねばならない。それ故、感覚と直観の区別に対応して、この対象のうちには感覚には尽くされないものがあると見なされる。感覚に対応するものをカントは現象の「質料（Materie）」と呼ぶ。だが、それはまだ多様なもの（das Mannigfaltige）でしかない。現象においては、それが一定の関係のうちで整序されていると考えられる。かかる整序を可能にしているものをカントは現象の「形式（Form）」と名づける。そのうちで諸感覚は整理され、或いは形式のうちに置かれるのである。そして、それ自身は感覚ではありえない。従って、それは感覚のようにア・ポステリオリに与えられるのではなく、ア・プリオリに心にすでに備わっていると考えねばならない。そして、一切の感覚から分離してそれを考えることができるのである。

或る表象（Vorstellung）のうちで感覚に属するものがまったく見いだされない場合、この表象を純粋（rein）であると言う。右の形式はこの意味で純粋であり、しかもア・プリオリに心のうちに見いだされると考えられる。しかもそれは、受容性の能力である感性に備わっているものとして、感覚的直観の純粋形式ないし感性の純粋形式である。だが、それはまた直観であるともされる。そして、感覚からは独立したものであるが故に、それは純粋直観に他ならない。純粋形式が直観であるということは、直観の定義に照らして、それが対象から受け取ったものではないにせよ、まさに心性がそれを介して対象と関係するということに関わっているということであろう。それは対象に関する心の開けないし開かれ方と言うべきものである。

カントはこれを物体を例として示している。彼はまず物体の表象から悟性がそれについて考えるもの、実体、力、可分性等を除去する。次に感覚に属するもの、不可入性、硬さ、色等を分離する。そうすると残るものは延長（Ausdehnung）と形（Gestalt）だけである。そして、それらこそは純粋直観であるとするのである。それが純粋でありア・プリオリであるのは、感覚の現実的対象なしに心のうちで生じうるからである。それは一つの表象であろうが、あらゆる感覚を受容する形式と解されていることになる。

カントはこうしたア・プリオリな感性の原理を探究する部門を「超越論的感性論（die transzendentale Ästhetik)」(2)と呼ぶ。それは、「超越論的論理学（die transzendentale Logik)」とともに『純粋理性批判』の原理論を構成する。そのやり方は、第一に、悟性が概念によって思惟するものをことごとく分離して感性を孤立させ、経験的な直観しか残らないようにし、第二に、感覚に属するものをことごとく分離し、純粋直観、現象の単なる形式しか残らないようにする、というものである。こうして、先天的な感性が与えられるようにするのである。そこで得られるものが空間（Raum）と時間（Zeit）に他ならない。

以上の議論によって、カントの認識論的立場はほぼ確定される。認識は対象の触発によって始まる。触発を受けるものは心である。心は独自の表象を備えているにせよ、感覚を受け取ることなしには現実的対象の認識を持つことはできない。とはいえ、触発者としての対象と心は別のものであるという前提がある。この前提の故に、心が受け取ったものすなわち感覚は触発者それ自身ではないこととなる。それを介して心が関係する対象は現象（Erscheinung）と呼ばれる他はない。かくて、カントの観念論的立場は必然的となるのである。

触発者と心の分離、それは一方ではカントが先天的なものを認めようとする要求から生まれる(3)。そして、先天的なものは学の確実性の要求と結びついている。確実なものは経験的なものではありえない。経験的なものは認識者にとって偶然的な所与であり、普遍性と必然性を有することはできないからである。認識者が普遍的かつ必然的として主張しうるものは、認識能力に予め備わっているのでなければならない。このプラトン主義的な要求が経験的なものと非経験的なものを峻別させ、果ては認識対象と認識者を分離する。そして、それが物自体は不可知であるという不可知論に導くのである。こうした事情を空間と時間論に即して更に考察しなければならない。

二　空間・時間の先天性

空間、時間とは何か (ibid., A23, B37.)。それには大別して二通りの答え方がある。客観主義的な答え方と主観主義的な答え方とである。前者はそれを現実的なものと見なすか、事物に自体的に帰属する規定ないし関係として理解する。後者は直観の形式にのみ付着したもの、従ってわれわれの心の主観的性状にのみ付着したものと解する。後者の理解の仕方からすれば、心の主観的性状を離れては、空間、時間はいかなる事物にも帰せられない。

こうした見解の曖昧さ（動揺）が生ずる理由は何であろうか。或いは、最初に掲げた疑問が生ずるのはそもそもなぜであろうか。カントは「時間は外的には直観されえない。また空間はわれわれのうちにあるものとしては直観されえない」(ibid.) という事情を挙げている。時間が現実的なものだとすれば、それは他のものと同じように直観されるはずである。空間も現実的なものだとすれば、われわれのうちに見いだされないということがあろうか。両者に加えられるこのような制限は何か。われわれの内と外という絶対的な区別があり、内なるものと外なるものとが明瞭に区切られているというのか。だが、内と外という区別自身空間的な規定ではないのか。それに従って、内官 (der innere

Sinn）と外官（der äußere Sinn）の区別が立てられるのである。「外官（私の心の一性質）によってわれわれは諸対象をわれわれの外に（außer uns）あるものとして表象し、それらをすべて空間のうちにあるものとして表象する。（……）内官によって心は自己自身ないしそれの内的状態を直観する。（……）だが、心の内的状態の直観が唯一可能となるような一定の形式があり、内的規定に属するすべてのものは時間の関係のうちで表象される」（ibid., A22f., B37.）。こうした事情が「空間、時間とは何か」という先の問いを生ずるのである。

それは空間、時間の解明（Erörterung, expositio）を要求する。解明とは、或る概念に帰属するものの明瞭な（詳細なというわけではないにせよ）表象のことである。それには「形而上学的解明（die metaphysische Erörterung）」と「超越論的解明（die transzendentale Erörterung）」がある。「形而上学的解明」とは、ア・プリオリに与えられたものとして概念を呈示するものであり（ibid., A23, B38.）、「超越論的解明」とは、一つの概念を他の先天的総合的認識の可能性を洞察できるものとする原理として説明することである（ibid., A25, B40.）。

1．空間について見るならば、その形而上学的解明は、まず、空間が経験的な概念ではなく、外的経験から抽出されたものではないことを主張する。この論拠をカントは次のように述べる。「或る感覚が私の外にあるものに（すなわち私がいまいるところとは別の空間上の場所にあるものに）関係づけられるためには、またそれらを互いの外に、また並び合うものとして、従って単に異なっているだけでなく異なった場所にあるものとして表象することができるためには、空間の表象がすでに基礎にあるのでなければならない」(ibid., A23, B38.)。私が空間の一点にあり、この一点にある私の感覚が他の点にある(私の外にある)ものに関係づけられるということ、また異なったものが互いの外に並びあってあるということをカントは事実として認める。そこには私自身を包む空間的規定がある。カントの議論の特徴はこうした事実の可能性の根拠を問うことである。そのような事実が成立しうるためには「空間のア・プリオリな表象がすでに基礎にあるのでなければならない」(ibid.)。

この表象は明瞭な表象としてあるのであろうか。また、まさに事実に対する根拠づけの関係そのものが意識され捉えられているのであろうか。そうではなかろう。それは、事実から遡って推及され根拠として定立されているにすぎない。そのように見るならば、それは一の作業仮説でしかなくなる。だが、こうした疑問に答えることなくカントは結論する。「従って、空間の表象は外的現象の諸関係から経験を通じて獲得されたものではありえない」(ibid.)。そして、彼の主張を先取りして付言するのである。「この外的経験はそれ自身思惟された表象［表象が思惟されること――著者］によって始めて可能となる」(ibid.)。

だが、これによって空間の表象はア・プリオリに与えられたものであるとするのに十分であろうか。それは一つの存在関係を示している。更には、経験を成立させる存在論上の制約関係を語っているかのようである。しかしながら、カントが言及しているのは説明上の仮説であり、事実を説明するための論理的条件でしかないように思われる。

2．論証の第二段階において初めて、カントは空間表象の心理的事実に言及する。「いかなる対象も空間のうちには見いだされないということを極めてよく考えることができるとしても、如何なる空間もないということを考えることはできない」（ibid., A24, B38.）。ここには表象からあらゆるものを除去するという捨象の作業がある。だが、空間の表象そのものを除去することはできないというのである。かくして、最後まで残るもの、それが論理的、存在論的により先なるものであるとされることになる。「空間はア・プリオリな必然的表象（eine notwendige Vorstellung a priori）である」（ibid.）。そして、それがあらゆる外的直観（die äußere Anschauung）の基礎にあるとされるのである。

3．かかる空間の表象は概念（Begriff）ではなく、直観（Anschauung）であるとされる。それが、ものの諸関係から抽象された一般的概念であるとすれば、諸関係がそれに先だって与えられているはずである。だが、人は唯一つの空間を表象しうるのみであり、多くの空間を語る時にも同一かつ唯一の空間の部分としてそれを制限することによって考えるにすぎない。そして、このことはまた、空間の直観が空間の一切の概念の基礎にあるア・プリオリな直観であることを物語る。

4．更に、空間の表象が概念ではなく直観であるということは、それが与えられた無限の量として表象されるということからも帰結する。唯一の空間表象の制限によって諸部分が生ずるのであるから、それは無限の部分を内に含むと考えられる。空間はこの意味で無限な量（eine unendliche gegebene Größe）である。これに対して、概念は、異なった無数の表象のうちにこれらに共通の徴標として含まれている表象と考えられる。換言すれば、諸表象はそれの下位にあるのであり、概念はこれらを自己の下にあるものとして含むのである。

さて、以上が空間概念の「形而上学的解明」である。それによって、空間の表象は概念ではなく直観であり、しかも一切の経験に先立つ先天的直観であることが主張される。だが、この解明は「空間」の解明ではなく、空間「概念」の解明に他ならなかった。そのことによってそれは予め方向が定められていると言わねばならない。それは直観という心意識の作用とされるのである。従って、それは如何にア・プリオリであるとはいえ、心を超えることはできない。主観主義が前提としてあり、帰結において確認されていることになる。

時間についても同様のことが主張される。カントは五点にわたって時間の特性について論じている。すなわち、

1. 時間表象のア・プリオリ性
2. 時間表象の必然性
3. 時間関係についての必然的原則の可能性
4. 時間の直観的性格
5. 時間の無限性

がそれである。それぞれについて空間と同様の検討がなされる。

1．われわれは物事が同時に生起したり継起したりすることを経験する。そして、時間のあることを知る。それらの現象は時間を知る機縁となる。だが、時間はそれらの経験から抽象された経験的概念ではない。「時間の表象がア・プリオリに基礎にあるのでないとすれば、同時存在や継起はそれ自身知覚されることはないであろうからである」（ibid., A30, B46.）。時間を前提してのみ、人はいくつかのものが同じ時に（同時に）あるとか異なった時に（相次いで）あるということを表象することができるのである。

同時性や継起性を知覚、表象するための条件として、時間が前提されなければならないとされている。だが、時間そのものは知覚されることはできず（ibid., B219.）、この先行的関係そのものが洞察されているわけでもない。それは一つの推及である。言うなれば、同時存在や継起は時間において生起し、前者が知覚される以上後者もなければならないということに他ならない。

だが、カントは「時間がア・プリオリに基礎にある」と言うのではなく、「時間表象が」と言う。その際、この表象は顕在的な表象と言えるであろうか。普通の意識がそれをア・プリオリな基礎として意識することはまれであるとすれば、それは時間が識閾下の表象として現象の制約をなしているということを意味する。

2．こうした曖昧さにかかわらず、時間は欠くことのできない必然的な表象であるとされる。それがあらゆる直観の基礎にあるのである。人は諸現象を時間から取り除くことはできても、時間自身を廃棄することはできないからである。ここでは、時間が諸現象を離れて独自の存在を有しうるかのように見える。「時間はア・プリオリに与えられている」とすらカントは言う。現象の全現実性はそれのうちでのみ可能なのである。

3.「時間は一次元のみを持つ。異なった時は同時にではなく、相前後してある」(ibid., A31, B47.) と言われる。それは厳密な普遍性と必然的な確実性を有すると考えられている。それは時間関係についての原則であり、時間一般の公理である。かかる原則や公理が成立しうる根拠は何であろうか。或いは、そうした原則や公理を語ることができる理由は何であろうか。それは、時間の表象が欠くことのできない必然的表象であり、あらゆる現象に先だってア・プリオリに表象されているということである。そうである以上、ここで時間はア・プリオリに与えられているというだけでなく、主観に帰属するものとして主張されねばならない(4)。だが、カントはここではまだその主観性を明確に指摘していない。それが語られるのは次段においてである。そこで時間は「感性的直観の純粋形式」とされるのである。そうであることによってこそ、上の原則、公理は、そのもとで経験が可能となるような規則と見なされることができる。

4. 時間が主題的に論じられるためには、それは識閾下の形式に留まるのではなく、表象されるものでなければならない。しかも、それは比量的な(或いは普遍的な)概念ではありえない。それは様々な時間表象から抽象された普遍的な概念ではないからである。様々な時間は唯一の時間の部分としてのみある。唯一の時間の分割によって様々な時間が生まれるのである。このように「唯一の対象によってのみ与えられる表象は直観である」(ibid., A32, B47.)。時間は空間と同じようにやはり直観である。そして、それは右の原則、公理が総合的な命題であり、概念だけから導出されるわけにはいかないということからも裏づけられる。

5．一定量の時間、それはこのように唯一の時間を制限することによってのみ可能である。それは時間の諸部分であり、しかも時間である。その際、根底にある唯一の時間は無限であると考えられる。「時間の無限性とは、根底にある唯一の時間の制限によってのみ可能であるということ以上のことを意味しない」(ibid., A32, B47f.)。そして、このこともまた時間が概念ではなく直観であることを裏づけるのである。

以上が時間の形而上学的解明である。その中には、本来時間の超越論的解明とされるべきものが含まれている。すなわち、時間がア・プリオリな形式であり直観であるということに基づいて、時間についての先天的総合判断が可能となるという論点が先取りされているのである。それに付加して、カントは、変化と運動の概念は時間表象によって、また時間表象のうちでのみ可能である、と言う。なぜならば、変化や運動は「同じものが同じ位置にあると同時にあらぬ」(ibid., B48.) ということを意味しており、矛盾しあう述語を結合することであって、概念によっては決して摑まれないことであるからである。時間表象は普遍的な運動論の説明を与えるものに他ならない。――議論がここにまで及んでいる以上、節を改めて超越論的解明の論述を検討する段階に達していることになる。

三　先天的総合の可能性

空間についての先天的総合的認識の可能性を解明するために、カントは事実から出発してその可能性の制約に遡るという方法を取る。すなわち、「幾何学は空間の性状を総合的に、しかもア・プリオリに規定する学である。空間についてのそのような認識が可能であるためには空間の表象は何でなければならないか」(ibid., A25, B40.) と彼は問う。単なる概念からは総合的認識は生まれないが故に、それは直観でなければならない。だが、この直観はア・プリオリでなければならない。なぜならば幾何学的認識は必当然性を備えており、そのような認識は経験からは生まれないからである。しかしまた、それはあらゆる客観に妥当し、客観の概念をア・プリオリに規定する。すなわち客観的妥当性を有する。心の表象でありながら客観的妥当性を有するには、どのような仕方で心のうちに存在していなければならないであろうか (ibid., A25, B41.)。

ここでカントは初めて「主観 (Subjekt)」の概念を用いる。空間は主観のうちに存するが、主観の形式的性状 (die formale Beschaffenheit) として、すなわち「客観 (Objekt)」によって触発され、それを介して「客観」についての直接的表象すなわち直観を獲得する形式としてである。かくして、純粋直観とされていた空間表象が同時に直観形式でもあるとされることとなる。それはいずれも学的認識の成立のために要請された事柄であると言ってよかろう。

それ故、空間は何らかの物自体の性質であったり、物の相互関係のうちに示される性質であるとは見なされない。すなわち、空間は対象それ自身に付着する規定ではなく、直観の主観的条件を一切除去しても残るようなものではない。それは感性の主観的条件に他ならず、その下でのみ外的直観が可能となるのである。主観の受容性が客観のあらゆる直観に先行していなければならない。すなわち、ア・プリオリに心のうちに与えられていなければならない。だが、それはまた純粋直観であるともされる。そして、そこにおいてすべての対象が規定されるのである。対象の諸関係を規定する原理として、それは無意識的なものであるわけにはいかず、対象の直観に伴い対自化されているのでなければならない。また、それはそもそも「われわれの外に」対象が直観される際の制約でもある（ibid., A27, B43.）。われわれは自ら空間を展開しつつ、内と外を区別し、ものを相互に区別し、並列的に捉えたり、相互外在的に捉えるのである。空間はこの限りではすでに高度に分別的であり、分析的な機能を有していると言わなければならない。

このようなものが「人間の立場（der Standpunkt eines Menschen）」からする空間である。そのかぎり、それは「物自体」の規定とはされえない。従って、物自体との関係において捉えるならば、空間は単に観念性を有するにすぎない。とはいえ、それは人間が捉えるかぎりの諸対象に関しては、それら相互の関係とわれわれとの関係を規定するものであり、実在性（客観的妥当性 die objektive Gültigkeit）を有する。かくて、経験的実在性（die empirische Realität）と超越論的観念性（die transzendentale Idealität）が同じ事態の両面であることが主張される(5)。「従って、われわれは（可能なすべての外的経験に関する）空間の経験的実在性を主張する。それと同時に空間の超越論的観念性を主張するにせよである。すなわち、われわれが一切の経験の可能性の条件を捨象した上で、空間を諸々の物自体自身の基礎にあるものとして仮定するや否や、空間は何ものでもなくなるということをである」(ibid., A28, B44.)。だが、このように言う時の「物自体」とは一体何であろうか。

対象がわれわれの感性ないし受容性を触発するとカントは述べていた。それによって生ずる感覚を直観は対象に関係させるのである。そのように言うかぎりでは、触発者としての対象は直観の把握範囲内にあることになる。或いは対象は直観されると言ってよいはずである。もとより、単なる逆推理によって対象が感覚に対する原因として想定されるだけであるならば、触発者自身の姿が把握可能であるという保証はない。それは「何ものか＝X」とされる他はない。ともあれ対象はまさしく直観の対象である。従って、それには空間規定が適用される。そもそも触発者が「われわれ」以外のものとして理解されるかぎり、結論的に言ってそこには空間規定の適用が行われていると言うべきかもしれない。そうであるとすれば、対象とはまさしく空間活動によって「われわれの外に」措定されたもの以外の何ものでもないことになる。それが触発者と呼ばれていたにすぎないのである。

だが、これに対して「物自体」は空間規定を受けつけないものとして語られている。主観、客観の他に「物自体」が考えられているということは、主観の感性が受容性であるということに起因すると考えなければならない。主観がア・プリオリな形式と働きを有するにせよ、完全な自発性を主張できるものではないという限界を表示するものとして、それの対立者である物自体が想定されるわけである。この意味で物自体は限界概念(Grenzbegriff)(6)に他ならない。そして、それとともに主観のア・プリオリな形式はより一層主観的であることが決定されるわけである。

時間について見るならば、それに関する先天的総合判断が可能となるための条件は、それが感性的直観の形式という主観的なものであることであった。時間についてはいくつかの理解の仕方がある。カントはそれの客観主義的な理解を斥ける。客観主義的な理解によれば、時間は、それだけで存立するもの、或いは物に客観的に付着しているものとして理解される。そう解するならば、時間を直観するためのすべての主観的条件を捨象しても時間は残ることとなろう。しかるに、第一の場合には、現実的な対象がない場合にも時間は現実的にあることになる。このことは、何の内容も有しないものが現実にあるという不条理のように思われる。第二の場合には、時間は諸々の対象にそれらの成立条件として先行するというわけにはいかず、それについての先天的総合判断は成立しない。

カントの思考様式は経験的なものと非経験的なものをあくまで区別することによって特徴づけられる。前者は確実性を与えず、後者のみが確実性の源泉である。客観と主観が或る点で通底するという思想をカントは認めない。確実なものは主観的である。従って、学は主観的である。だが、このことは学を一面的なものにすることに他ならない。それは物自体について語ることはできない。認識はこのように制限される。

主観的なものへのこの還帰は、時間を空間よりも普遍的なものとすることにより一層明瞭に示される。それは、空間論においてすでに見いだされていた。「われわれの内」と「外」の区別に基づいて、時間はまず内官すなわちわれわれ自身とわれわれの内的状態の直観の形式であるとされる（ibid., A33, B49.）。だが、それは一切の現象のア・プリオリな形式的条件（ibid., A34, B50.）にまで拡張される。空間が外官の現象の形式とされていたこととの相違である。なぜならば、外なる物を対象とするものであっても、すべての表象は内的状態に属するのであり、この内的状態は内的直観の形式的条件すなわち時間に従うからである(7)。従って、感官の全現象一般すなわち全対象は時間のうちにあり、必然的に時間関係のうちにあると言わなければならない。

だが、そうは言うものの、カントはここで循環に陥る。すなわち「内的直観は何の形態も与えない」（ibid., A33, B50.）。従って、この欠陥は類推によって補う他はない。つまり、時間の系列を無限に延びる直線（eine ins Unendliche fortgehende Linie）によって表象する他はないのである。そこでは一次元のみからなる系列が考えられ、この直線の性質から時間の全性質が推理されることになる。直線の諸部分は同時であるが、時間の諸部分は常に継時的である（相前後している）という相違が認められるのみである――全表象は時間に従属する。従って、外的直観も時間に従属する。だが、時間の内的直観は空間的形象、直線によって表象されるのみである。

カントの時間概念が空間化されているとされる所以であろう。それは時間の直観が必ずしも確かなものではないということに他ならないであろう。それを認めるとすれば、識閾下の直観であるとする他はない。ともあれ、それが直観とされるのは「それの全関係が外的直観において表現されるということによる」（ibid., A33, B50.）。その類比によって、それは概念ではなく、直観の特性を有するとされるのである。そして、それに先天的総合判断の可能性を基礎づけねばならないという要求が加わるのである。従って、カントの時間論もまた様々な要求の産物である。そして、それの帰着するところは、時間は現象に関する客観的妥当性を有しはするものの、物自体に関してはそれを有しないということである。

四 感性論の課題と要請

カントは感性論をより一層確実かつ明瞭なものとするために、それに一般的な注を与えている。それは右の議論の繰り返し以上のものではないと見なされるが、またカントの基本的、体系的な構想から要請されたものとして議論が組み立てられていることをより一層明確に理解させる。

カントは議論を次のように要約する。「(1) われわれの一切の直観は現象の表象に他ならない。われわれが直観する物はわれわれがそれとして直観しているもの自体ではない。また物相互の関係もそれ自体としてはそれらがわれわれに現れるとおりのものではない。(2) またもしわれわれの主観を除き去るならば、或いはわれわれの感官一般の主観的性質だけでも除き去るならば、空間および時間における諸客観の一切の性質や関係はもとより、空間および時間そのものすら消失するであろう。(3) またかかる性質や関係は現象であるから、自体的に存在するものではなく、われわれのうちにのみ存在しうるのである」(ibid., A42, B59.)。

(1)は現象と物自体の区別を、(2)は空間、時間並びにそこにおける対象の性質や関係が主観なしにはないことを、(3)は現象が「われわれのうちに」存すること、その前提としてわれわれの内と外が区別されていることを示している。現象と物自体の区別は、われわれの主観ないし内と外の区別に対応している。どちらの区別が先行するかと言えば、後者である。後者はすでに空間的な区別と見なすこともできる。そして、この区別を行わせるものは、感受性、受容性という思想である。われわれの自発性によるのではなく、由来の判然としないものをただ受容するということが、われわれ以外の触発者を想定させ、しかもこれを不可知なものとするのである。その事情が物自体の概念を産みだしていると言わねばならない。

かかる区別に基づいて、対象はわれわれの受容性から引き離された場合には、それ自体としてどのようなものであるかはわれわれには知られえないとされる。われわれが知るのは対象を知覚する仕方だけである。この仕方とは空間、時間のことであり、これらは純粋形式と呼ばれる。しかも、それらはア・プリオリに、すなわち一切の現実的知覚よりも前に認識されうるものとして、純粋直観であるともされる。主観すなわちわれわれは自己の純粋形式を直観する。

現象と物自体の区別、それは「超越論的な区別」と称されるべきものであり、表象と対象の関係に関する問題は「超越論的な問題」と呼ばれる。カントの定義によれば、「対象に関する認識ではなく、むしろわれわれが対象を認識する仕方一般――それがア・プリオリに可能であるとされるかぎり――に関する一切の認識」が「超越論的(transzendental)」と規定されたのであった(ibid., A11f., B25.)(8)。

空間、時間に関する区別はまさしくこの意味で超越論的である。そして、それは現象と物自体の区別を導くものであるが故に、その区別も超越論的認識に伴っているものであろうし、この論脈において表象の彼岸にあると見なされる対象は超越論的対象と称されるべきこととなろう。超越論的認識は対象に向かう認識そのものを超越している。このことは如何にして可能なのであろうか。それは、「われわれ」は現象知しか有しえないとされながら、かかる知を反省する能力は「われわれ」のうちに残されており、少なくとも現象よりは広い視野を有しうるということによるのでなければなるまい(9)。すなわち、「われわれ」とは現象によって尽くされず、それに解消してしまうことのないものである。それは、物自体ないし超越論的対象と同様、現象を超えたものなのである。

さて、カントは感性論が絶対的な確実性を持つことを要求する。それはオルガノンとして用いられるべき理論であり、単なる仮説であってはならないからである。だが、その論証は多分に仮説法の性格を帯びたものであると言わねばならない。すなわち、まず「空間および時間がそれ自体客観的であり、物自体を可能ならしめる条件である」と仮定する。ところで、空間、時間に関してはア・プリオリな必然的総合的命題が多数ある。とりわけ、空間についての幾何学の命題はア・プリオリな総合的命題として必然性と確実性を以て認識される。そこで、この命題の由来と絶対的に必然的な普遍妥当的真理の根拠は何かが問われる。

その際、この認識は概念によるか直観によるか、ア・プリオリであるかア・ポステリオリであるかという二組の選択が課せられる。概念も直観も、ア・ポステリオリであるならば、必然性と絶対的普遍性を生ずることはできない。従って、残された道はア・プリオリな概念か直観かであるということになるが、概念が与えうるのは分析的認識であり、総合的認識ではありえない。従って、右の認識は直観によることが認められなければならない(10)。しかもそれはア・プリオリな純粋直観でなければならない。対象をア・プリオリに直観し、かかるア・プリオリな対象を総合的命題の根底としなければならない。

そうであるとすれば、ア・プリオリな直観能力が心の中に存しなければならないことになる。しかも、このア・プリオリな主観的条件が形式的に対象そのものを可能ならしめる唯一のア・プリオリな条件でもあるとみなさなければならない。すなわち、主観的条件は同時に外的対象を直観するための直観形式でもなければならない。それなくしては外的対象に関してア・プリオリな総合的認識はまったく形成されえなくなるのである。

ここから確実に帰結することは、空間および時間は、一切の外的、内的経験の必然的な条件として、あらゆる直観の主観的条件に他ならないということである。だが、そこから更に最初の仮定は偽であったということが帰結する。つまり、かかる条件に関係する一切の対象は単なる現象であって、主観的条件に関わりなく対象自体に特殊な仕方でそれだけで与えられるようなものではないということである。

論証は背理法の形をとっているが、実際にはア・プリオリな総合判断を絶対的必然的なものとして前提した上で、それが成立する条件を遡及的に明らかにしようとしているのに他ならない。そして、条件として確定されたものは、依然として一つの仮説であるという性格を免れないのである。

そうであるかぎり、超越論的観念論の直接的論証の課題を負わされた原理論は、少なくとも感性論において、それを十分には達成しえていないと見なければならない。その直接的論証と思われるものをカントは直観内容の関係性と形式性に求めている。「われわれの認識において直観に属する一切のものは（従って、快、不快の感情と意志は除かれる。これらのものは認識ではないからである）、直観における場所（延長）、場所の変化（運動）およびかかる変化を規定する規則（動力）などの単なる関係（Verhältnisse）しか含んでいない」（ibid., A49, B66f.）(11)。われわれは場所のうちに現在している物は何か、或いは場所の変化に関係なく物そのものにおいて作用しているものは何か、を直観によって知ることはできない。まして、単なる関係によっては物自体は認識されえない（ibid., A49, B67.）。外官がわれわれに与えるのは関係の表象だけであるから、外官の表象に含まれるものも主観と対象の関係だけであり、対象自体に属すると言うことはできない。

カントはこのような事情が内官についても認められると言う。内的直観においても、本来の素材をなすものはやはり外官の表象であり、これが心意識を占めているというのが理由の一つである。また、これらの表象を入れる形式は時間であるが、それは継起的な存在の関係、同時的存在の関係、継起的に存在するとともに同時的に存在するもの（常住不変なもの）の関係からなるものに他ならないからである。そして、時間は意識の根底に存する直観形式である。それは「表象が心意識のうちに入ることによって心意識が触発される仕方」である。この触発は心意識がそれ自身の活動によって行う触発であり、心意識が心意識自体によって被る触発であるとされる。だが、この心意識の自己触発は心意識に対して現象を生じさせるにすぎない。心意識ないし主観が心意識に現象し、主観が自己自身を判断するわけであるが、それは時間という形式を介してのことに他ならない。主観自体が現前するわけではないのである。

ここに内官と「知的直観（die intellektuelle Anschauung）」[12]の違いがある。後者においては、主観の直観はまったく自主的、自発的に働くとされる。すなわち、主観が自分自身を意識する場合、この意識（統覚）は「私」の単一な表象であるが、この表象によってのみ主観における一切の多様なものが自発的に与えられるとするならば、それは知的直観である。だが、人間においてはかかる直観は起こりえない。人間が自己自身を意識するには、前もって主観に多様なものが与えられていなければならない。それが与えられる場は感性に他ならないが、すでに心意識のうちにあるこのものを探す（覚知する）ことに自己自身を意識する能力の働きはある。そのために、それは心意識を触発する。そうしてのみそれは自己自身を直観することができる。しかもそれは時間の形式に従っており、多様なものが心意識のうちに共存する仕方を時間の表象において規定する。このように主観は自己自身をそれ自体直観するのではなく、また自発的に自己自身を直接表象するわけでもない。内から触発される仕方に従って直観するのみである。

こうして、物自体についてと同様、主観自体についても認識は到達不可能であるとせざるをえないことになる。議論は、外官と外的直観形式である空間と同じように、内官と時間についても展開されている。そして、この並行性によって、外的対象性に関して自体的認識は不可能であるとされるのみならず、内的主観性の方向においても主観自体は認識不可能とされることになるのである。先に見た超越論的対象＝Xの概念のもつ意義が再確認されてよかろう。それは対象の不可知性だけではなく、認識する主体自身の不可知性をも示唆する。主体は認識活動の手前にあって、認識されずに認識する。それは、現象界に包摂されることのない自由を有していると言えよう。かくして、超越論的感性論は自由の確保という究極目標によって規定されていると言える。そして、それは自由な行為主体を展望しようという意図に基づくのである。

第四章　自然と理性

一　自然の存在

「人間の認識には二つの幹がある。それらは恐らく共通の根から生じたものであろうが、この根はわれわれには知られていない。感性（Sinnlichkeit）と悟性（Verstand）がそれである。前者によってわれわれに対象が与えられ、後者によってそれらが思惟される」（ibid., A15, B29.）。「緒論」の最後でカントはこのように記している。それは、『純粋理性批判』で先ず取り上げるべきものが感性であることを示唆している。そして、前章で見たとおり、感性論は、空間、時間形式において現れるものが現象に他ならず、経験的実在性は有するものの、超越論的には観念性を有するにすぎないことを帰結したのである。対象は感性を通じて与えられるとされるかぎり、このことは人間の認識と認識可能なものの全体を規定したことを意味する。いかなる学的認識ももはや観念的なものでしかない。従って、自然科学が描出する「自然（Natur）」もこの規定を免れない。このことを認識の分析、解明を通して明瞭にすることが課題となろう。それは認識と対象の関わりを問うことに他ならないが、そうした対象界の存在性格に対して認識主体はどのようなあり方をしているかを示唆することにもなる。前章においてすでに示されたとおり、認識主体そのものの超越性と実践的主体への通路がそこから見えて来ることとなろう。本節はこうした事情を捉えることを課題とする。

さて、カントにおいて、現象界とは感性界のことである。現象とは感性に対する映現に他ならない。現象界は空間、時間をその形式的制約とする。すべての現象は、内官、外官の別を問わず、時間関係(継起、同時存在、持続)のうちにあり、外官に対するそれは空間関係のうちにある。そして、空間、時間はア・プリオリな形式であって、ア・プリオリに直観できるものとされていた。そのかぎり、それは普遍性と必然性を有するとされたのである。だが、感性界が成立するには、素材としての感覚(Empfindung)が与えられねばならない。その時、この感覚の秩序そのものはどのようにして捉えられるのであろうか。直観の形式としての空間、時間はこの秩序そのものをも普遍性、必然性を備えたものとして表象することができるのであろうか。或いは、それを客観的なものとして表象するには何らかの機制が加わらねばならないのか。

およそ表象が主観的なものではなく、客観的なものでなければならないとすれば、前者を後者から区別するものがなければならない。そして、後者こそは学の達成するべきものなのである。感性界を対象とするものが自然科学であるとすれば、自然科学は空間、時間関係の客観化に与るものだと言うことができる。現象であるかぎりの事物は「まったく関係(Verhältnisse)より成る」とカントが言う（ibid., A285, B341.）のは、この意味においてのことである。

自然科学は諸現象の空間関係の把握に幾何学を用いる。自然という書物は幾何学の言葉で書かれているとガリレイは述べたが、幾何学、数学との提携なしには近代科学は成立しなかった。自然科学がこれらの学に依拠しえた理由は何か。一つには、それらが確実な学として成立しているという事実があった。このことが、それらを諸学の理想とさせていたのである。だが、幾何学や数学を実際に経験の場で用いることができるためには、それ以上の基礎づけがなければならない。

幾何学はア・プリオリな学であるとされた。それは、概念（例えば、三本の直線で囲まれた図形という三角形の概念）を純粋直観のうちで構成し、その図形を手がかりとして拡張的総合的な認識を獲得するのである。そして、それは普遍性と必然性、確実性を有するとされる。そのかぎり、それの表出する空間は客観的空間であると言うことができる。

但し、それは、作図の場である純粋直観がまさに人間にとって唯一の直観であるということによってのみ可能である。それは、伝統的学的な空間表象が唯一ユークリッド空間であるという事実に立脚する。カントは他の直観の可能性をまったく許容しなかったというわけではない。だが、彼は当面伝統的な事実性に依拠したのである。

ユークリッド空間(1)が学的認識においても優位を占めうるとすれば、それは現実的な諸表象の関係、現実的な経験にそれが一致するからであると言わねばならない。この一致をカントはどのように保証したであろうか。それは、まさに幾何学の表出する空間が人間の直観形式であり、諸表象はそれを介してでなければ感受されないとされることによる。空間の純粋直観と表象の一致は予め定められている。但し、それは超越論的観念性という代償を払ってのことに他ならない。ともあれ、このような空間の持つ規則を諸表象間に適用することによって、自然科学は表象間の客観的関係を定立することができるのである。

時間についてはどうであろうか。表象のうちで同時存在（Zugleichsein）や継起（Aufeinanderfolgen）が認められるためには、時間表象（die Vorstellung der Zeit）が根底になければならないというのがカントの主張であった（ibid., A30, B46.）。だが、他面、カントは「時間はそれ自身では決して知覚されることはできない」（ibid., A182, B225.）と言う。「われわれは一切の時間規定（Zeitbestimmung）を、空間における持続的なもの（das Beharrliche）との関係における外的関係の変化（der Wechsel in äußeren Verhältnissen）—運動—によってのみ知覚するのである」（ibid., B277.）。前章で見た時間表象と空間表象の循環的関係が再び現れていると言わねばならない。こうして、時間を客観的に表象するためには、まず右の外的関係の変化の量を知らせる持続的な基体（Substrat）がなければならない。「持続的なものは時間そのものの経験的表象の基体であって、そこにおいてのみ一切の時間規定が可能となるのである」（ibid., A183, B226.）。カントはこのような持続的なものを質料の持続性（die Beharrlichkeit der Materie）として捉える。そして、それを表す概念を実体概念（Substanzbegriff）とする。従って、実体こそが一切の時間規定の基体であると考えるのである。実体は時間の客観化のための第一制約に他ならない(2)。

だが、このように客観化された時間のうちで、表象は絶えず変化する。この変化すなわち継起を客観化することが必要である。表象の継起を客観的継起と見なすためには、単に一つの表象に他の表象が続くというだけでは足りない。そこに必然的な関係が認められなければならない。そして、関係の必然性を最も強く認識させるものは因果的必然性に他ならない。「我々が現象の継起、すなわち一切の変化を因果律に従わせることによってのみ、経験すなわちかかる継起の経験的認識自身が可能となるのである」(ibid., B234.)。従って継起を客観化して認識するためには、因果律が先行条件として定立されていなければならない。

だがまた、時間関係のうちには同時存在がある。表象は断えず変化しかつ継起する以上、表象によってのみ客観的な同時存在を規定することはできない。二つのものが客観的に同時にあることを認識することができるのは、一つのものが他のものの存在(Dasein)を規定し、他のものが逆に一つのものの存在を規定するという交互作用(Wechselwirkung)が想定される場合のみである。従って、「空間における諸実体の同時存在は、それら相互の交互作用を前提してのみ経験のうちで認識されるのである」(ibid., B258.)。

このように、現象の時間関係は、時間そのものが知覚されえない以上、概念の働きによって客観化される他はない。概念の働きとは思惟のそれであり、しかも悟性(Verstand)のそれに他ならない。空間、時間は感性の形式であるとされていたのだが、感性のみではそれを客観的表象とすることはできず、認識のもう一方の幹である悟性と協力してのみそうすることができる。そして、それは取りも直さず客観的認識と対象を成立させることに他ならない。冒頭に述べたように、感性によって対象が与えられ、悟性によって思惟されるとされたのであったが、対象認識の十分な成立をまって初めて時間表象も成立しうるわけである(3)。

時間の三つの様態、持続、継起、同時存在の客観化に与る実体（Substanz）、原因性（Kausalität）、交互性（Gemeinschaft）ないし交互作用は純粋悟性概念（der reine Verstandesbegriff）として悟性にア・プリオリに備わるカテゴリー(範疇)とされる。それらが経験に先立つア・プリオリな条件であることは、感性論についての右の考察から明らかであろう。カントは量（Quantität）、質（Qualität）、関係（Verhältnis）、様相（Modalität）の四綱十二個のカテゴリーのうち「関係のカテゴリー」としてそれらを位置づけている。従って、それらは関係としての現象的事物の認識において中心的な役割を担うものと言わなければならない。

これらのカテゴリーは「力学的カテゴリー」と称される。それは、取りも直さず、自然科学の認識目標が諸現象の力学的連関であるということである。もとより、自然科学には一切の現象が「外延量（die extensive Größe）」を持ち、一切の感覚的対象は「内包量（die intensive Größe）」を持つといった数学的観点もある(4)。だが、自然科学は単にこれらの定量的把握の報告にとどまるのではなく、それを基礎的データとして力学的関係の把握にまで進むべきものであろう。従って、自然科学は自然の一般的形式的構造として力学的連関を一切の経験に先だって予持しており、それを具体的に適用することによって個別的認識を獲得するのである。自然は一つの力学的連関であり、全体として不変の質料を宿し、この質料を汎通的な因果性と交互作用の関係で結合しているものと考えられる。

これが、自然科学がア・プリオリに持つ自然像である。もちろん、自然科学は実験を介することなしには現実的自然に近づくことはできない。だが、実験とは問いの投げ入れ（hineinlegen）のことであり、自然についての一定の了解なしには問いの構成も不可能である。この先行的了解がいわば自然科学の地平である。そして、予め地平が開かれていることが有効な問いの構成と自然との対話を可能にするのである。自然科学は一般的了解の特殊化としてのみ問いを構成し、解答を得ることができる。

さて、自然科学は以上のようにして感覚的表象の空間、時間関係を定立する。それがカントにおける「経験（Erfahrung）」の内容である。そこにおいて認識が成立し、認識の対象が措定される。この対象が如何なる存在性格を持つかは、従前の議論からおのずと明らかであろう。それは主観的表象が思惟によって客観化されたものに他ならない。それは主観（Subjekt）に対するものとして対象（Gegenstand）と呼ばれようとも、主観が自己に対して立てたものであり、自己の前に投げ置い（obicere）たものである。それは、この意味で客観（Objekt）である。客観の語源である〈objectum〉は、元来、表象に対して措定されたものとして、表象との関係のうちにあるものに他ならなかった。それは、今や表象する主体＝主観との相関者として主観と不可分離である。或いは、すでに主観においてあるものである。それは主観のうちなる現れであり、現象である(5)。

現象は単なる表象である。カントはそれを物自体と厳しく区別する。そして、そうすることに「超越論的観念論（transzendentaler Idealismus）」が成立するのである。「現象をすべて単なる表象と見なして物自体自身とは見なさず、従って時間および空間は単にわれわれの直観の感性的形式であって、それ自身で与えられた規定もしくは物自体としての客観の制約であるとはしないような教説を私はすべての現象の超越論的観念論のもとで理解する」(ibid., A369.)。

現象はこうして観念的であり、観念性(Idealität)しか主張できない。だが、この観念性は客観化の可能性を含まない主観的な観念性(die subjektive Idealität)ではない。空間、時間が主観の感性的形式であるということは、むしろ一切の現象の客観化を可能なものとするということである。それは、経験において客観を措定する制約に他ならなかった。そのかぎり、客観についての妥当性すなわち客観的実在性(die objektive Realität)を有するとされたのである。そして、それは取りも直さず経験的実在性(die empirische Realität)を意味するものに他ならなかった。だが、この認識当事者の立場を超越し、物自体との関係において見るならば、それは物自体の形式とされるわけにはいかず、観念性が指摘されねばならない。超越論的な観点から認められた観念性という意味で、それは「超越論的観念性(die transzendentale Idealität)」と称されるのである。経験的実在性は絶対的実在性(die absolute Realität)とは区別されねばならない。

超越論的観念性とは科学的認識の客観的妥当性を表わすと同時に、この妥当性の限界の自覚を表明するものでもある。だが、この限界は常に物自体の概念とともに語られる。物自体の概念なくしては限界の自覚もないとすれば、物自体はまさしく限界概念(Grenzbegriff)として機能しているのである。だが、物自体とは認識不可能であり、不可知であるとすれば、認識当事者にとってそれを考えることは如何にして可能なのであろうか。もしそれが可能でないとしたら限界の意識も生じないことになる。或いは、それは認識当事者の立場を超えたところでのみ思惟されると言うべきであろうか。そうであるとすれば、それを認識当事者に知らせることは如何にして可能であろうか。限界を超えてはならないという戒めは単なる外的助言にとどまりはしないか(6)。

このように考えると、物自体は極めて問題的な概念であることが分かる。それは批判的な吟味を必要とする。次節の課題はこの吟味を行うことにある。

二　物自体の二義性

物自体は人間の認識能力の到達しえないものであるとされている。そのことを厳密に考えるならば、それについて語ることも規定することもできないはずである。そのようなものの概念を持つことすら困難であることになろう。にもかかわらず、物自体は語られる。それは当面人間の認識能力の限界を告知するものとして、人間の能力の限界の意識と表裏して語られる。「できない」ということが彼岸の物自体を想定させ、逆に物自体がこの限界の意識を打ち消し難いものとする。だが、そう語ることによって物自体は徐々に規定されて行く。

物自体はまず空間、時間という規定を超越したものとして考えられる。空間、時間は人間の感性的直観の形式であり、人間の感性の主観的な制約なのであって、物自体の形式ではありえないと言うことによってである。それは人間の感官に与えられることはできず、人間にとっての現象（Phänomenon oder Sinnenwesen）であることはできない。だが、それは考えることはでき、論理的矛盾なしに（ohne Widerspruch）思惟することができるとされる。そのかぎりで、それは悟性体ないし理性体（Verstandeswesen oder Noumenon）、或いは可想体（Intelligibilia）[7]と呼ばれることになる。それを思惟することは、「そのもとで私が一切の感性的直観の形式を捨象する或るもの一般を思惟すること（das Denken von Etwas überhaupt, bei welchem ich von aller Form der sinnlichen Anschauung abstrahiere）」（ibid., A252.）である。

もとより、単に思惟されるにすぎないかぎり、それに具体的な内容を与えることはできない。それは空虚な概念とされなければならない。それは「感性的直観の対象（Objekt unserer sinnlichen Anschauung）ではないもの」として思惟されるのみである。その意味で、それは否定的消極的な概念（ein Noumenon im negativen Verstande）にすぎない。それに積極的な実在性を付与することは固く禁じられる。事物が現実的に可能だとされるためには、「単にそのものの概念が無矛盾で（nicht widersprechend）ある」というだけでなく、「それに対応する直観（eine ihm korrespondierende Anschauung）によって人がそれを裏づけること」（ibid., B308.）が必要である[8]。畢竟、人間の認識能力にとってはそれの実在性を主張することはできない。だが、人間の認識能力にとってであるということを忘れるわけにはいかない。

ここには、感性と悟性の間に微妙な差異のあることが認められるかもしれない。悟性ないし思惟の到達するところに感性は及びえない。このため、人間とは違った直観能力を備えたもののことが考えられる。すなわち、感性的直観とは異なる「非感性的直観（eine nichtsinnliche Anschauung）」の能力がである。かかる直観能力を想定し、それの対象として考えるならば、理性体は積極的な意味で捉えられていることになる（ein Noumenon in positiver Bedeutung）。カントはこのような直観を「知的直観（die intellektuelle Anschauung, intuitus intellectus）」と呼ぶ。それは、思惟と直観が分離されてはおらず、思惟することが直ちに対象の産出であるような悟性の働きである。カントはかかる悟性を「直観的悟性（intuitiver Verstand）」として捉えるのである(9)。

自己の思惟が対象の産出であるような能力とは、言葉を発することによってのみ世界を創造しえた神の能力に比すべきものである。カントはそれを神的悟性と見なして人間には決して認めようとはしなかった。人間はそれを模倣することも、それについての洞察を持つこともできない。そして理性体を積極的に思惟しうるのはかかる神的悟性のみであるとされることになる。そこにおいては対象と思惟の対立はもはや存せず、思惟と対象の一致が揺らぎなく保持されている。

このような神的悟性の概念が呈示されることによって、人間の認識能力の限界はいよいよ明白になる。だが、そのように人間の能力を超えたものが示されるということは、まさに人間の能力を超えたものとして何らかの実在性をそれに付与する機縁ともなる。すなわち、「感性についての教説は同時に消極的な意味において理性体の教説である」（ibid., B307.）とされるのである。感性についての否定的に語ることは、それを超えたものを否定的相関者として積極的に定立することに他ならない。悟性は

「われわれの直観様式に関わることなく、すなわち単に現象としてではなく、物自体として」(ibid.)それを考えることを余儀なくされるのである。

「物自体」という表現は、直観的悟性の思惟すべき理性体が「認識主観との関係において存立する現象」に対立するものとして捉えられる際に用いられる。そして、「現象」という概念も、観念性しか与えられないかぎり、客観的実在性を有するものとしての物自体を予想せざるをえない。「現象という制限された概念はおのずと理性体の客観的実在性を暗示する」(ibid., A249.)。客観的実在性を有するものとしての物自体が現象との相関において思惟されるわけである。カントはこの事情を次のように語る。「現象一般の概念から当然次のことが帰結する。すなわち、現象にはそれ自体現象でない何かが対応(entsprechen)せねばならないということである」(ibid., A251.)。「現象という語はすでに、それの直接的表象は感性的(sinnlich)ではあるが、それ自体としては(……)感性から独立した対象でなくてはならぬ或るもの(Etwas)への関係を示している(anzeigen)のである」(ibid., A252.)。

とはいえ、それの内的規定に関しては、それは依然として空虚である。客観的実在性を持つものとして思惟されるにかかわらず、客観的に実在する様は認識されることはできない。それを考えることは矛盾ではないが、その実在性が認識されないかぎり、それは蓋然的な概念(ein problematischer Begriff)である。このようなものを考えることによって悟性は感性の領域を超えてはいる。だが、その拡張はまったく蓋然的な拡張(die problematische Erweiterung)と言う他はないものなのである。

では、こうした蓋然的な拡張の意義は何であろうか。それが人間にとって何ら積極的な内容を主張しえないかぎり、それの概念は消極的な効用を有するだけである。それらには、消極的な使用（ein negativer Gebrauch）が認められるにすぎない。

既に述べたとおり、物自体の概念は現象の概念と相関しており、現象の限界の自覚とともに語られる。それは現象の限界を自覚させる限界概念として機能する。それが消極的にしか使用されないということは、この限界概念としての機能に制限されるということである。その限界づけ（Begrenzung）の働きは、まずは「感性の越権を制限すること」、「感性を制限すること」（ibid., A255, B311.）である。そして、物自体自身「感性を限界のうちに置く概念」（ibid., A256, B311.）と称されるのである。感性を制限することは、言うまでもなく、空間、時間の内にある一切のものが主観的表象にすぎず、経験的実在性を有しはするものの、全実在を覆うものではないことを自覚させることに他ならない。

その時、悟性の側はどうなるのか。悟性は物自体の概念を手にするならば、少なくとも感性の及ばないもののあることを知るわけであり、内容に関してはともかく、一つの拡張を経験する。むしろこのように拡張されることが感性の限界を指摘することを可能にするのである。だが、悟性はこのように拡張されながら、蓋然的に拡張されるにとどまり、それに対応する対象を獲得することはできない。そのことによって、それは却って自らの限界を自覚しなければならない。悟性はいわば自己を否定する概念を手にし、自己否定的な構造を有していると言うべきである(10)。

それは自らの概念ないしカテゴリーによって対象を構成することはできない。このことは神的、直観的悟性のみのなしうるところである。「感性を通して対象が与えられ、悟性によってそれが思惟される」と役割が定められたとおり、悟性は感性的な与件なしには何ごともなしえない。本来ならば、感性の触発者、現象の原因としてすら物自体を考えることは許されないはずである。因果関係を物自体と現象の間に想定することがすでに右の役割を逸脱していると言わねばならない(11)。従って、悟性は物自体をまったく不可知のものとしておかねばならず、空虚なものを思惟する他はないのである。自分では積極的に規定することのできないものを思惟せざるをえないということによって、悟性は自己の限界を知ることとなる。自己の保有する概念と経験的原則が空間、時間と同様全実在を覆うものではないことが自覚されるのである。「蓋然的な思想は経験的な原則を制限することに寄与するだけである」(ibid., A259, B315.)とカントは言う。

こうして、物自体は、感性と悟性のいずれの側においても、それらの限界を自覚させる限界概念であることが明らかになる。表象的に表現するならば、物自体は感性界ないし現象界を主観的領域として囲い込み制限している(einschränken)ものとして捉えられる。それは空虚な表象である。それは「可能的経験によっても、純粋悟性によってもわれわれが決して満たすことのできない空間(Raum)を残す」(ibid., A289, B345.)ものに他ならない。かかる空虚な空間を思惟することによって、悟性は現象界の限界を知るのである。それは感性の専横(Anmaßung)を抑制し、悟性の経験的原則の適用領域を制限する。そして、こうした限界設定以上の権限をそれは要求してはならない。それは自ら制限された概念であって、それを破るならば思弁の放恣を許す危険を孕んでいるのである。

物自体の概念は両刃の概念である。その危険性を防ぐためには、それを消極的に使うことに制限せねばならず、その制限を守らなければならない。だが、それにもかかわらず、人は物自体の概念なしてカント哲学に入ることはできず、物自体の概念を以てしてはカント哲学に留まることはできないと言われるように(12)、いかに抑制しようとも、物自体の思想は新たな事態を胚胎しているように見える。それは、現象界を制限し空虚な空間をその外に残すというまさにそのことによって、非感性的世界を想定することを矛盾のないこととし、その形式的可能性を保証するということである。もとより、この世界は当面単に想定されるだけのものとして可想界と呼ばれる他はないかもしれない。だが、このことは物自体概念の制限作用と表裏して現れる事態である。感性界を制限するということは別の世界の可能性を保証する。しかも、このことは物自体概念が何ら積極的な意義と内容を有しないということと抵触するわけでもない。そして、このような可想的世界を更めて「理性体、ヌーメノン（Noumenon）」と呼ぶことが許されると思われるのである。

かくして、物自体の概念によって現象界の限界を意識すると同時に、まったく可能的、蓋然的にではあるがヌーメノンが想定される。それが何であるかは知られない。しかし、或るものの限界とはその限界を超えたものを考えることなくしては考えられない。Aの限界は非Aとともに初めて明らかとなる。この限界の概念の弁証法によって思惟は限界を超えて行くことを余儀なくされる(13)。それは現象に対する物自体、現象の主体として意味づけられるかもしれない。それは、当面、現象でないもの、現象に固有の諸規定を超出するものという消極的な意味に留められるべきである。その意味内実が何であるかは、現象界の認識という理論的活動とは別の活動を含む人間の全体性から考察されるべきであろう。それを空位にしておくことは、人間の全体性を展望するためには都合がよい。そして、当面のところは、それによって現象と物自体、感性界と可想界、フェノメノンとヌーメノンといった二元的思考の論理的可能性が示されたことを物自体概念の積極的寄与として評価することが肝要であろう。

三　認識主体の超越性

物自体は対象的方向に考えられる時、超越論的対象＝Xと重なる。だが、認識の志向性が認識主体自身に反転し、認識主体が自己自身を認識しようとする時も、主体自身の不可知性の問題が現れる。このことは感性論においてすでに示唆されたところであった。超越論的対象＝Xの反対極に超越論的主観が立てられることになる。現象界はこの両極の間に位置するのである。こうして、認識主体は現象界を超越したものとして考えられなければならない。現象界とは認識対象のことであるかぎり、このことは当然と言えるかもしれない。認識主体は対象界には帰属しない。だが、この超越性は、認識活動が自覚的な営みであるだけに、より積極的な仕方で呈示されるべきものと思われる。

認識活動を統括するものは「純粋統覚（die reine Apperzeption）」と呼ばれる(14)。それは、あらゆる表象に伴っている「私」ないし「私は考える」の意識である。カントはこの統覚について次のように述べている。

「人間は自然全体を普通は感官によって認識するだけであるが、また自己自身を単なる統覚によって認識しもする。しかも、感官の印象に帰することのできない働きや内的規定においてそうである。そして、自己自身に対して、一方では現象であるが、他方ではすなわち或る能力に関しては単なる可想的対象（ein intelligibler Gegenstand）である。なぜならば、この能力の働き（Handlung）は感性の受容性には帰せられないからである」（ibid., A546, B574.）。

「統覚」とは「感性の受容性に帰せられない或る能力の作用における自己の意識」であり、「思惟する主体の自己活動の単に知性的な表象（eine bloß intellektuelle Vorstellung der Selbsttätigkeit eines denkenden Subjekts）」（ibid., B278.）に他ならない。それは何ら多様なものを含まず、主体的活動の自発性の意識以外の何ものでもない。それこそは認識活動の主体のありかとして捉えられるべきものであろう(15)。

前節において見たとおり、理論的認識とは、時間形式のうちに与えられる諸感覚の時間関係を悟性概念を用いて客観化することにあった。時間規定は認識活動と認識対象すなわち現象にとって最も基底的なものである。従って、まずはこの時間表象と統覚の関係を見ることによって、現象界と認識主体の関係を捉えることができるはずである。

この関係は次の一文に要約的に示されていると言うことができる。

「私は、時間の中で私を意識するわけだが、その間中この時間を私の自己の統一に属するものとして意識する（In der ganzen Zeit, darin ich mir meiner bewußt bin, bin ich mir dieser Zeit, als zur Einheit meines Selbst gehörig, bewußt.）」（ibid., A362.）。

ここには「私」と時間の相互包摂的な関係が語られている。第一に、「私」は時間のうちで自己を意識するのであり、時間のうちにある。第二に、「私」はこの時間を「私」の統一に属するものとして意識する。第二の点には、「私」が「私」を意識するかぎりで、「私」は時間を意識するということが含まれている。統覚における「私」という自己意識は、時間の流れに委ねられながら、同時に時間表象を可能にする制約としてあるとされていることになる。時間が「私」の統一に属するということは、「私」を恰も単一な実体のように思わせるかもしれない。「私」が自己を意識している間、「私」は自己の単一性を意識し、この意識によってこの間の表象を総合して一つの時間表象とする。この単一性とこの意識がなければ、一定量の時間を捉えることは不可能であろう。この時間の各々の点、或いは各々の要素には常に「私」という単一の表象が付随している、或いはむしろそれは常に「私」という単一な意識であった。このことから、「私」は時間を「私」なる単純実体の内なる流れ、或いは内的変容のように意識することとなる。すなわち、「私」の統一（単一性）に属するものとしてこの時間を意識するわけである。

統覚と時間表象との関係は、実体と内的属性との関係に似ている。それは統覚の超越性を示唆する。

それは、自分が活動している時間の全体を総合して一つの時間表象とする時、自らはこの時間表象を超えているのでなければならない。そうでなければ時間の全体的表象を得ることはできない。それは時間とともにある。だが、それを総合するにあたっては、この表象を超出しなければならない。しかし、超出するとはいえ、それから遊離するというのではなく、「私」のうちにあるものとしてこの時間を意識するのである。それは内包的な超越である。「統覚においては、時間は本来ただ私のうちにのみ表象されるのである」(ibid., A362.)。それは内在的かつ超越的な関係と言うべきものである。統覚とは「内的現象の流れの内部にあって常住不変な自己」(ibid., A107.) と語られる場合にはそう言わなければならない。

とはいえ、このような統覚から「私」の自己の実体性や「私の主観の数的同一性」(ibid., A363.) が実際証明され主張されるわけではない(16)。カントはそれをまったく機能的に理解する。それはただ「各個別々の状態において、また主観が変化する場合ですら、常になお先行の主観の思想を保存し、また後続の主観へと伝える」(ibid.) のである。カントはそれの実体化を避けつつ、それを時間の流れの中にあってしかも時間の表象を可能とする不動の制約と見なす。このような制約としての統覚が実際にはどのように機能するかをより一層立ち入って明確にする必要があろう。カントは第一版 (A) の演繹論において統一的な表象の成立に必要な条件を段階的に解き明かす(17)。

あらゆる感性的直観の内容は時間形式を通して与えられる。だが、それはさしあたり多様なもの (das Mannigfaltige) と形容される。そこから一つのまとまりのある表象の統一が生ずるためには、

「多様の通観と通観の総括（das Durchlaufen der Mannigfaltigkeit und die Zusammennehmung desselben）」（ibid., A99.）が必要である。これを「覚知の総合（die Synthesis der Apprehension）」と名づける。このような総合は、先天的かつ非経験的な表象に関しても、しかも時間のみならず空間のそれに関しても行われなければならない。「それなくしては、われわれは空間、時間のア・プリオリな表象を持つことはできないであろう。これらは、感性がその根源的受容性（die ursprüngliche Rezeptivität）のうちで呈示する多様の総合によってのみ産出されることができるのである」（ibid., A99f.）。それ故、覚知の純粋総合が存するのでなければならない。

だが、かかる覚知の純粋総合が成立するためには「再生産の総合（die Synthesis der Reproduktion）」がなければならない。例えば、「われわれが一本の直線を思惟のうちで引いたり、或る正午から他の正午までの時間を思惟する、或いはただ或る数を表象しようとするにすぎない場合にも、私はまずこの多様な諸表象の一々を順次に思惟して行かなければならない。しかし、私が一つの表象から次の表象に移行する時、次々に先行の表象を忘れ去り、それらを再生産（reproduzieren）しようとしないならば、決して全体的表象、上述のどんな思惟も、それどころか最も純粋にして第一の空間、時間の根本表象すら生ずることはありえないであろう」（ibid., A102.）。われわれの最も純粋な先天的直観ですら、再生産の汎通的結合が可能とするような多様の結合を含まないかぎり、どんな認識も与えないのである（ibid., A101f.）。

では、このような再生産の働きに必要なことは何か。「われわれが思惟しつつあるものが一瞬前に思惟したものとまったく同一であるという意識がなければ、一切の表象の系列における再生産は無駄になるであろう」(ibid., A103.)。このような意識がなければ、われわれが現に思惟しているものはその都度の表象でしかなく、前後も連続性もなく、同一の作用に属するという意識も生じないことになろう。その作用によってこれらの表象は次々と生み出されたとしてもである。「表象の多様は決して全体をなすということがなくなるであろう。意識のみがそれに与えうる統一が欠けているからである」(ibid.)。従って、再生産の働きが可能となるためには、再現された多様が前に表象されたものと同一であるということを認める「再認 (Rekognition)」の働きが必要である。このような再認によって初めて、先に表象されたものが現在における一つの総合的表象のうちに取り入れられうるのである。

それ故、再認の総合が可能であるためには、このような再認の働きをなしうる不変の「一つの意識」が必要である。「この一つの意識 (dieses eine Bewußtsein) が、多様、すなわち次々に直観されそこからまた再現されたものを一つの表象のうちに結合するのである」(ibid.)。より詳しく言うならば、この一つの意識とは「各個別々の状態において、また主観が変化する場合 (die Umwandlung des Subjekts) ですら、常になお先行の主観の思想を保存し、また後続の主観に伝える自我」(ibid., A363.) に他ならない。それは「常住不変の主観 (ein stehendes und bleibendes Subjekt)」とされなければならない。そして、それがあらゆる表象の再生的総合 (die reproduzierende Synthesis) の「根源的かつ超越論的制約」をなすのである。この意味で、それは「超越論的統覚 (die transzendentale Apperzeption)」と名づけられる。この統覚に直観が関係することによって、「最も純粋な客観的統一、すなわち先天的概念（空間、時間）の統一すらが可能となるのである」（ibid., A107.）。

このようにして、多様なものが総合統一されるための最高の制約が獲得されることになる。だが、この総合は恣意的なものであってはならない。それは客観的な結合でなければならない。そのためには、そこに総合の必然性（die Notwendigkeit der Synthesis）（ibid., A10f.）を意識させるものがなければならない。それは多様とともに主観に与えられるものであろうか。主観に与えられるものが多様でしかないとされるかぎり、必然性の根拠は主観のうちにあると考えなければならない。必然性は主観にとって強制力として感じられるが故に、対象とともに現れ、「対象が必然的たらしめる」のだと考えられるかもしれない。だが、そうした必然性は意識の内から来るのである。対象に由来するかのように見える必然的統一とは、「表象の多様の総合における意識の形式的統一」（ibid., A105.）に他ならない。意識が多様のうちに統一(18)を置き入れた場合にのみ、「対象認識」が意味を持つのである。

かくして、意識は、かかる多様の統一を必然的ならしめる規則（Regel）を有していると考えなければならない。この規則が、意識における総合の機能（die Funktion der Synthesis）を制約し、「多様の再生を先天的に必然的ならしめる」（ibid.）のである。それは多様を結合する概念を可能にすることに他ならない。

例えば、一つの三角形を前にする場合、「われわれは三本の直線が一つの規則に従って合成されることを意識する。この規則とは、それに従ってそのような直線が常に提示されるようなものである。そうする時、一つの三角形を対象として思惟するのである」（ibid.）。統覚（Apperzeption）はこのような規則を所有していなければならない。「自己自身の同一性の根源的で必然的な意識は同時に、概念に従い同様に必然的である一切の現象の総合の統一の意識」(ibid., A108.) に他ならない。そして、「かかる概念すなわち規則が現象を単に必然的に再現可能な (notwendig reproduzibel) ものとするばかりでなく、それによってまた、その直観に対象を規定する、すなわち直観がそこにおいて必然的に連関すべきものについての概念を規定するのである」(ibid.)(19)。

以上によって、統覚における自己の意識があらゆる空間、時間の表象に超越論的に先行し (vorher-gehen) この表象を初めて可能とする制約であることが明らかとなる。先天的直観について洞察されたことは経験的直観についてもあてはまる。前者は後者の制約とされたのだからである。このような時間表象の制約でありうるためには、統覚はあらゆる時間に臨んでいなければならないが、時とともに流れ去るわけにはいかない。それは不断に自己の連続性を保持し、時間を超越していなければならない。或いは、時間を対象とすることによって自らは時間を超出すると言うべきである。それは時間形式 (Zeitform) のうちにありつつ、時間表象 (Zeitvorstellung) は超越していると言うのが適切である。

すでに述べたとおり、統覚における自我 (Ich) の意識とは「思惟する主観の自己活動の単に知性的な表象」(ibid., B278.) であり、知覚の多様を総合する機能の同一性 (die Identität der Funktion) の意識に他ならない。一般的に言えば、活動主体の自己活動 (Selbsttätigkeit) の意識である。この意識は転変するあらゆる表象に伴う。それは時間とともに変化することなく同一性を保持する。この意味で、それは時間形式のうちにありつつ、それを超えている。このことによって時間の表象を可能とするのである。従って、それは時間表象に取り込まれないもの、対象化されない面を有すると言わなければならない。すなわち、時間の必然的系列に属さないものとしてあるのである。

このように見るならば、前節において、物自体の概念によって現象界を制限し、可想界を想定する権利を保存したことの意義が納得されよう。認識と認識対象の成立を論じるためには、認識主体そのものを対象界から超越させなければならない。対象成立の根拠を主体自身のうちに求めるかぎりである。ここに言う主体は理論的認識の主体であることから、これを「理論理性 (die theoretische Vernunft)」と呼ぶことが適切である。それは恒常不変な制約とされるかぎり、それ自身は対象ないし時間系列 (Zeitfolge) には属さないとしなければならない。まずはこうしたことを保証するために可想界の概念は確保されたと言うことができよう。

もとより、物自体の不可知性は認識の源泉を感受性とア・プリオリな能力に求めたことからの不可避的な結果である。その根底には、学の経験的内容と確実性を守らねばならないという要請があった。ともあれ、主観が一方では時間の流れの中に立ちながらそれを超越する不動性を保持するという体制がそこから生まれる。そして、それは認識主体を可想的英知的なものとすることを必然的とするのである。

四　実践への通路

だが、ヌーメノンを満たすものは、何よりも実践的主体でなければなるまい。現象と物自体、必然性と自由、経験的性格と可想的性格という区別は、自由な実践の余地を如何に確保するかという観点からなされたものである。「信仰の余地を獲得するために知を廃棄しなければならなかった」というカントの言葉が最もよくそれを示している。それは、必然的因果系列としての自然現象ならびにそれに組み込まれているものとしての人間の感性的欲求に対して自由と自由に基づく信仰を如何に確保するかという課題に対する解答に他ならなかった。

人間が感性的欲求を持ちながらそれを超克しうること、それは道徳法則（Moralgesetz）の存在によって確認される。感性的欲求の衝迫に拘らず、人間は道徳法則に従い、これを意志の規定根拠とすることができる。カントにおいては、それが「自由」の第一義である(20)。それは理性の自律（die Autonomie der Vernunft）として語られる。そして、それは道徳法則の事実とともに事実的に確認されるのである。これまでの議論は、このような自由を如何に超越論的に基礎づけるかという点にあった。

人間はこのような自由と自律性を有することによってすぐれて可想的、英知的存在者であると言うことができる。理性は可想的能力（ein intelligibles Vermögen）に他ならない。それは現象の系列の外にある（außer der Reihe der Erscheinungen, d. i. im Intelligiblen）ものとして思念される（ibid., A552,

B580.)。それは現象の系列に属するもの、すなわち感性的なものからは何ら影響を被らない。またそこには何の変化の系列も見いだされず、如何なる時間的要素も認められない。それは超時間的存在者と考えられる。「単なる可想的能力としての純粋理性は、時間形式、従ってまた時間継起（Zeitfolge）の制約には従属しない。可想的性格における理性の原因性は生起するものではない。或いは、結果を生み出すために或る時に起こる（anheben）といったものでもない」(ibid., A551,B579.)。それは「すべての時間的状態（Zeitumstände）の中でのあらゆる人間の行為に対して現在して（gegenwärtig）おり一様（einerlei）である」(ibid., A556, B584.)。あらゆる時間的状態に付随していながら不変の一様性を保つが故に、それは超時間的と称される。

それにもかかわらず、理性は時間的制約のうちにあるものとしての現象に働きかけることができなければならない。あらゆる行為は「直接的に理性の力の下にある」。行為が感性界に現象として現れるとすれば、理性は「感性的に無制約な現象の制約（sinnlichunbedingte Bedingung)」(ibid., A557, B585.) であると言うことができる。「理性は一切の意志的行為の恒常的制約（die beharrliche Bedingung aller willkürlichen Handlungen) である。そして、このもとで人間が現象するのである」(ibid., A553, B581.) と語られることになる。

人間は主体的に行為を決定したり、他者の行為を倫理的に評価しようとする時、自己と他者のうちに理性を想定しなければならない。それは実践的活動が成立するための不可欠の制約である。かかる実践的理性は、人間の主体的実践の立場を純粋かつ形式的に示すものに他ならない。

こうして、理論理性とともに実践理性が時間系列を超えたヌーメノンに属するものとして捉えられる。実践理性はあらゆる感性的衝動から独立に行為を決定する能力であるという意味で、感性界から独立した英知的能力であると考えられる。理論理性はあらゆる時間表象を可能にする恒常的な制約であることによって、それ自身は時間系列を超出するものと考えられる。もとより、理論理性と実践理性が可想的ないし英知的であるということは、意味を異にするかもしれない。前者は単に認識の対象ではありえないという意味においてであるのに対し、後者は感性界を超克する自律的能力としてあるからである。だが、理論理性もまた対象を構成し表出する主体であり、実践理性は感性界に意志を実現せんとする主体である。自己活動性という点では、いずれも主体であり、対等な二つの能力である。しかも、それらは「私」という意識において通じている。それらは、同一の「私」という意識を伴った主体の活動の二側面である。それらに共通の特徴は認識の対象とはなりえないということである。

実践理性は、実践的関心に基づく主体的行為の場面で見いだされ、実践的観点のもとで初めて実在性を付与される。そのかぎり、それは理論的認識の対象とはなりえず、それにとっては可想的とされるのみである。理論理性もまた一切の表象に伴っていながら、それ自身は決して時間表象の系列に属さないもの、認識の対象とはなりえないものであった。それはまた可想的なものとされる他はなかったのである。

このように活動の主体をいずれも理論的認識の対象とはなりえないものとするならば、物自体によって現象に限界が設けられ、自由が可想的世界に属するとされたことの意味がより一層具体的に理解されるようになる。すなわち、およそ自然必然性が対象を客観化する際の観点であり、客観性の特徴であるとすれば、それは客観化を遂行する当の主体ならびに実践的行為主体の主体性の原理ではありえないということである。客観的認識の原理である因果律は、客観に関しては汎通的な妥当性を有するが、これを主体そのものに適用することはできない。「カテゴリーの主体は、カテゴリーを思惟するものであることによって、自己自身についてカテゴリーの客体として思惟することはできない。（……）同様に、その内に時間の表象が根源的にその根拠を有する主観は、時間のうちの自己固有の存在（Dasein）を時間表象によって規定することはできない。そして、後者がありえないとするならば、（思惟する存在者一般としての）自己自身をカテゴリーによって規定することも起こりえないのである」（ibid., B422.）。

こうして、現象と物自体の対立として考えられていたものは、客観と主観ないし主体の対立として捉えることができる(21)。自然必然性は客観の変化の原理であり、自由とは主体の活動性の原理である。この意味で、必然性は現象の特徴であり、自由はヌーメノンに属すると見なすことができる。そして、行為主体のみが自由であるというのではなく、認識主観も自発性を有するかぎりで自由であるとしてよいことになろう。

このように必然性を客観の側に、自由を主体の側に配するならば、必然性と自由の対立の意味は、現象と物自体の区別によるよりも一層具体的に理解されることになろう。そして、両者の衝突は回避される。とはいえ、それによって理性が完全に安定と統一を回復したと言うにはまだ考察の余地がある。もし実践理性と理論理性という二つの理性を考えるのでなく、両者を一つのものと考えるならば、理性は二つの関心を有することになる。すなわち、自由な主体として認識しかつ行為するということと必然性の相のもとに現象を捉えようとすることがである。これらの関心はなお衝突することなく調和することができるであろうか。

必然性と自由を二つの領域に分けるだけでは、この調和は望むべくもない。二つは相反する関心であるにとどまる。両者は互いに無関係であることによって衝突を免れているにすぎない。だが、一個の主体において互いに無関係な関心が存するということは、統一的な人間像を語るには不十分であろう。それを認めるならば、一方の関心のみが優勢となり、他方を忘失することにすらなりかねない。人間に関しても必然観のみが適用されるならば、人間を一個の機械ないし「物」と見立てることすら起こりうるのである(22)。

このことは最も警戒すべきことであった。それは、人間を常に客観的対象的に見るのみで、主体的には見ないということに通じている。或いは、人間を感性的欲求の面からのみ捉えるということになろう。感性的欲求は自然的なものであり、因果必然的に生起するのである。その面から見るかぎり、人間の行動はことごとく感性的欲求に根ざすものとされ、自由な意志決定、責任ある普遍的人格といったものは認めえなくなる。その見方に対して後者が反発するならば、人間内部にまたもや亀裂と分裂が生じることになろう。

そもそもカントは人間には理性と感性の両面があると考える。そして、自由は感性に対する緊張関係において捉えられる。そうした自由に基づく実践的領域においてもカントは普遍性を要求する。時と場所の違いを超えて普遍的に妥当する道徳法則を定立することが課題となる。そうしたものがあるとすればそれは如何なるものであろうか。この問いに答えようとするのが『実践理性批判』であった。

それを考えるにあたって、カントは行為の内容と形式の区別を設ける。そして、そうした法則は如何なる内容も含まないとする。内容は常に個別的であるが故に、普遍性の要求に合致することはできないからである。従って、普遍的道徳的法則は行為の形式にのみ関わるとしなければならない。こうして、カントは次の命令を求める道徳法則とするのである。「汝の意志の格率が常に同時に普遍的立法の原理として妥当するよう行為せよ（Handle so, daß die Maxime deines Willens jederzeit zugleichals Prinzip einer allgemeinen Gesetzgebung gelten könne.）」（K. d. p. V., S. 54.）(23)。それの命ずることは、各人がそれぞれに有する格率の特殊性、個別性を廃棄して、それが普遍的に（万人に）承認され普遍的な（万人のための）立法の原理となるよう格率を改造し、それに従って行為せよということに他ならない。簡単に言えば、個別性を脱却して普遍性に高まり、普遍的人格となれということである。

それは何よりもまず自己愛（Selbstliebe）を原理とすることを拒絶する。自己愛は自己の感性的欲求を最大の関心事とし、他者をそのための犠牲とする。普遍的立法、万人のための立法を考えるということは、自己のみならず他の人間をもただ単に手段や道具として扱うのでなく、目的として扱うということである。こうして、右の命令は『道徳形而上学の基礎づけ』(24)においてまた次のようにも言い換えられる。「汝は、汝の人格ならびにあらゆる他者の人格のうちにある人間性を常に同時に目的として扱い、決して手段としてのみ用いることのないように行為せよ（Handle so, daß du die Menschheit, sowohl in deiner Person als in der Person eines jeden anderen, jederzeit zugleich als Zweck, niemals bloß als Mittel brauchst.）」（Gr. z. M. d. S., S. 52.）。人間は互いに利用し利用され、仕え仕えられるという相互関係にあるが、しかし互いを手段としてのみ見るのではなく、同時に目的として処遇せよと言うのである。自己愛に代わって、普遍的な人類愛ないし隣人愛が説かれていると言うことができる。

カントはこの命法をいかなる条件にも依存しない普遍性、絶対性を有するものとして「断言命法（kategorischer Imperativ）」と名づける。それは、「もし○○したければ、□□せよ」という仮定、条件つきの命令すなわち「仮言命法（hypothetischer Imperativ）」ではない。仮言命法は仮定が消滅すれば効力を失う。その意味で、あくまで相対的であり、絶対性を有しない。カントは断言命法に従うこと、それのみを意志決定の根拠とすることを「自由」として捉える。感性的欲求の個別性を超克するところに「自由」があるのである。だが、かかる自由はどこまで行使可能であろうか。

およそ具体的な行為を考える場合、個別性を無視して普遍性を追求することは不可能である。しかも、個別的行為は普遍性の要求を満たすことはできない。このディレンマに直面する時、行為者は行為の遂行に躊躇を覚える。行為は命じられている。だが、行為するということは、一定の時、一定の所において、一定の目的のために、また一定の手段を用いて行為することである。それには様々な利害が関わってくる。普遍性の要求を満たしえないことを知れば、行為を断念せざるをえない。だが、行為することは命じられている。

普遍性と個別性、理性と感性を対立させていることからこの問題は生じる。人間の内部に対立的な二側面が想定されているかぎり、この問題は解消されない。そして、それは必然性と自由の衝突を回避しようとする手だてがまだ効力を有していないということである。まさに問題の中心点において、衝突は明瞭に現れる。

更に言うならば、対立は自由の転倒した行使という形をとっても現れる。それは「罪」と称されている。感性的欲求を超克して道徳的法則に服することが本来的な意味で「自由」とされていたわけだが、意志はこの自由を転倒した形で用いうる。すなわち、道徳法則を道徳法則として知りながら、それを自己決定の根拠とするのではなく、感性的欲求を格率として採用するということである。普遍性を追求するのではなく、個別性を格率としようとするのである。カントは『宗教論』においてこれを「格率による動機の（反法則的）転倒」（Religion., S. 34.）と呼ぶ(25)。そして、それは『旧約聖書』における原罪の本質と見なされる。アダムとイヴは神の命令を断言命法として聴くことはできなかった。神もまた仮言命法の形で命じたのであった。「知恵の木から取って食べてはいけない。食べると死んでしまう」（1 Mose, 2, 7.）。蛇によって、死ぬどころか知恵が得られることを教えられて、イヴはついに禁止された果実に手を伸ばしたのである。

そうした罪の問題の生ずることも、対立が真に調停されていないことの証であり、却ってそれの最も先鋭な露呈である。そして、それは人間を常に罪性のもとに見ることを許して来た。果してこうした事情を超える道が開かれうるのか。それはカント哲学の死活の問いであることになる。

第五章　人間の全体像

一　理性と信仰

理性と感性が絶対的に断絶しており、しかも人間の自由は道徳法則に背き、感性的欲求を格率として採用することすらできることになれば、人間の統一を求めることは困難になるばかりか、善を達成しようとする志もまた後退せざるをえない。道徳法則は人間理性の事実として確認されたわけだが、それに対して悪の道を歩むということ、すなわち罪もまた事実として認められる。事実に論拠を求めるかぎり、善も悪も対等である。善を追求し悪を避けねばならない必然性は見いだされないということになりはしないか。これはカントに突きつけられる疑問である(1)。

こうした問いに対してカントはどのように答えるのであろうか。或いは、カントが示した実践的主体の姿はどのようなものであったろうか。カントは「われわれの理性の純粋な使用における究極目標」(K.d.r.V., A797, B825.) について語り、それを意志の自由、霊魂の不滅、神の存在の三つであるとしている。それは、超越論的に用いられる（im transzendentalen Gebrauche）理性の思弁（Spekulation）が最終的に目ざす目標である。「思弁」とはカントにおいては超経験的なものであるから、この目標は経験的な学を超えた形而上学的な目標に他ならない。歴史的に見れば、それらは伝統的な特殊形而上学、宇宙論（Kosmologie）、霊魂論（Psychologie）、神学（Theologie）に対応するのである。

だが、形而上学は理論的認識としては成立しえないのであった。それ故、それらは実践の場面で意味を獲得する他はない。形而上学が成立しうるとすれば実践的形而上学としてのみである。実践的とは「自由によって可能なものすべてを言う」（ibid., A800, B828.）とカントは述べる。そして、実践的自由は「経験によって認識される」とする(2)。こうした自由を土台として「神が存在するか」「来世が存在するか」を問うことが実践的に関心の持たれるところである。すなわち、「意志が自由であり、神と来世が存在するとすれば、何が為されるべきであるか（Was zu tun sei, wenn der Wille frei, wenn ein Gott und eine künftige Welt ist.）」(3)ということが実践的な問いであることになる。

神と来世の存在が要請されるということは、自由の持つ基本的な問題からの帰結である。既述のところによれば、その過程は次のごとくであった。

自由は人が道徳法則に主体的に従おうとする時に意識される。すなわち、あらゆる感性的欲求を抑制してただ道徳法則のみを意志の規定根拠としようとする際にである。道徳法則を意識することが自由の、従って実践的なものの前提である。そして、またカントにおいては、人間によって第一になされるべきこと（was zu tun sei）は道徳法則の遵奉に他ならない。行為を道徳法則に完全に一致させることが人間の究極目標である。それをカントは人間における最上善（das oberste Gut）と呼ぶ(4)。人間は意志の自由によって道徳的目標を追求する理性的存在者（ein vernünftiges Wesen）であることを示す。だが、他面、人間は感性的存在者でもあり、感性的衝動の桎梏下にある。それはいわば神と動物の中間にある中間的存在者である。従って、人間の中では道徳法則に従おうとする意志と感性的衝動が不断に闘争している。よって最上善の目標は容易には到達されない。それは無限の未来において到達されるべきものと考えられなければならない。だが、この到達を保証するためには、人間は死すべきものであるわけにはいかない。少なくとも霊魂は不滅であると想定せざるをえない。かくして、道徳的行為者としての人間は自己の霊魂の不滅を要請する（postulieren）こととなる。ここに、来生（künftiges Leben）もしくは来世（künftige Welt）の信仰が成立するのである。

だが、人間の感性的欲求が消滅することはない。一体、道徳の道を進もうとする者は自己の欲求を全面的に放棄し、無欲に徹しなければならないのか。或いは、幸福を断念し、「美徳の不幸」を覚悟せねばならないのか(5)。カントはそこまで苛酷ではなかった。もしそうであるとすれば、多くの人は道徳の道を選ばず、自己の個別的欲望の追求に奔走するであろう。かくして、人間理性は必然的に次の関心を有することとなる。「私が為すべきことを為したとき、私は何を望むことができる（dürfen）のか」。それは将来における自己の幸福（Glück）を希求できるか否かという問いに他ならない。人間は、為すべきことへの関心と同時に、幸福への希望（Hoffen auf Glückseligkeit）を本質的に抱くのである。

だが、このような希望は、現実が苦難に満ちていることを知れば、満たされがたいと思われる。従って、その実現は無限の未来に期待される他はない。不死の要請がこの希望と結びつくこととなろう。しかしながら、このように幸福が無限の未来に望まれるとしても、もし世界が「為すべきこと」の達成と同時に人間に幸福が分かち与えられる（Austeilung）ようにできていないとしたら、不死の要請はまったく無意味なものとならざるをえまい。とりわけ、世界の構造があくまで人間の幸福に反するようであればである。かくして、幸福の希望は、世界がこのような希望に合致するように組立てられていること、すなわちそのように「諸物が秩序づけられていること（die Ordnung der Dinge）」を要請する。

しかしながら、このような世界の秩序は或る全能の最高意志を前提することなしには想定されない。人間は理性と感性の対立のうちに置かれ、道徳的実践的緊張を強いられる一方、この意志によって幸福になれるよう予定されていることになる。そして、この意志は神の意志と呼ばれよう。それによって右の対立は克服され、調和は実現されるのである。こうして、幸福の希望は、現実的な対立、緊張に拘らず、即自的に調和はあり、またそれを保証している神が存在することを要請することになる(ibid., A812, B840.)(6)。

人間の理性は、道徳的な完全性への関心とおのれの運命に対する関心、すなわち幸福への希望を抱いている。そして、これらの実践的関心が一つになって人間の最高目的（der höchste Zweck）を形作るのである。すなわち、道徳的徳と至福（Seligkeit）が合致した状態、徳福一致が人間の究極目的である。カントはこれを「最上善」と区別して「最高善（das höchste Gut）」（ibid., A810, B838.）と名づける。ただし、このような最高善はこの現実世界においては望むことはできない。それは未来において希望されるだけの理想（Ideal）にとどまらねばならない。そのようなものとして、それは可想界に属するのである。

神の存在と霊魂の不滅を要請するということは、取りも直さずそれらを信仰する（glauben）ことである。それに基づいて最高善の可能性を確信することも信仰である。それは実践的道徳的信仰と呼ばれることになる。また、道徳的要請という仕方であれ神を論ずることは一の神学であり、「道徳神学（Moraltheologie）」と称される。

道徳神学は「もっとも完全で理性的な唯一の根源的存在者の概念（Begriff eines einigen, allervollkommensten und vernünftigen Urwesens）」（ibid., A814, B842.）を確信させる。これはそれ以外の思弁的神学のなしえなかったことである。後者は論証的確実性を要求されるが、それを達成することはできない(7)。これに対して、道徳神学においては、人間は究極目的としての最高善の理想に基づき、また道徳法則に対する確信に立脚して、神ないし唯一の最高意志(ein einiger oberster Wille)を信じることとなる。また、理性が本来有する道徳法則を神の命令(Gebote)と見なし、神の威嚇(Drohungen)を想定することによって道徳法則に従う意志を強化し、幸福への希望を神との契約(Verheißungen)のうちに保つのである。

このような実践的信仰は理性の自律（Autonomie）の思想からは逸脱していると見えるかもしれな

い。理性の掟としての道徳法則を神の命令とし、それに従うというのであれば、それはすでに他律(Heteronomie) である(8)。それが自律の思想から不可避的に導かれるとするならば、自律の限界を露呈したものと見ることもできよう。ともあれ、それは人間が道徳の道に邁進するための条件となる。人間は感性的欲求に繋縛されながら神を仰望し、幸福を希望し、かつ徳と幸福の一致を実現すべく努力するのである。この条件を欠くならば、人間は希望を喪失し、達成の見込みのない努力を続けるか、或いは頽落して悪の道を取るのみであり、理性の自律は不安に満ちたものとなるであろう。

ともかく、カントは右のようにして道徳を救済せねばならなかった。だが、実践的信仰の意義はそれだけにとどまらない。既述のとおり、この信仰のうちには形而上学の伝統的なテーマが含まれている。そして、それらは信仰の対象として意味を認められている。カントは理論的形而上学を停止する代わりに実践的形而上学を打ち立てたのである。「知を廃棄し、信仰に余地を与える」(ibid., BXXX.) という方針はこのようにして具体化したと言える。そして、それはまた人間の自然的性向に根ざす形而上学的関心によく答えるものであろう。人間が自然的本性的に関心を持つ事柄は「如何に生きるべきか」ということであり、神や不死の信仰はそれと本質的に関わるものであるからである。カントは無神論と有限性の意識から来るニヒリズム的頽廃に対して歯止めを設けようとしたのだと言うことができる(9)。

理性の合目的統一

人間の最高目的すなわち最高善は実践の領域において呈示される。神と不死の信仰によってそれは保証される。この信仰によって人間のニヒリズム的頽落が防がれる。「何を為すべきか」は問わず、事実がいかにあるかを自然必然性の観点でのみ理解しようとする認識の専横は抑止される。だが、人間の全体的統一と調和を考えた時、実践的信仰は抑止効果を持つだけで済まされるであろうか。理論的認識は実践と統一されてはおらず、実践にとってなお消極的な意味しか持たない。理論と実践は依然分離したままである。両者の内容的な統合の努力が更になされなければならない。

カントは理性の経験的認識と実践の関係について次のように述べている。「もしわれわれが目的を定めることをしなかったならば、経験に関してすらわれわれの悟性をどう使用したらよいであろうか。だが、最高の目的とは道徳の目的である。そして、かかる目的を認識させるのは純粋理性だけである」(ibid., A816, B844.)。「経験に関する悟性使用」とは言うまでもなく経験的認識活動のことである。理性は自らの目的に従ってこの活動を遂行しなければならない。認識は中立無記のものではなく、理性の目的に奉仕するべきものとしてある。理性の目的が実践的目的である以上、理性はそれを目指して合目的統一 (die zweckmäßige Einheit) を保持しようとするということである。従って、自然の知識 (Kenntnis) についても、この体系的認識に関して、理性の合目的的使用 (ein zweckmäßiger

Gebrauch）が要求されるのである。

しかしながら、もし自然自身の中に合目的的統一が存しないとしたら、理性の合目的的統一ということは少なくとも自然の認識に関する限り不可能となるであろう。だが、理性の合目的的統一は意志そのものの本性に根ざしており必然的である。それ故、自然の合目的的統一もまた必然的であると見なされなければならない。すなわち、理性はその本質的要求に従って自然の合目的性を明らかにしようとする。こうして、思弁（Spekulation）を開始するのである。このような思弁はだが実践的合目的性の結果に他ならない。それは純粋理性によってわれわれに課せられたものなのである（ibid., A816f., B844f.）。この思弁は神を想定し、これに最高の存在論的完全性（die höchste ontologische Vollkommenheit）を付与する。この完全性は理想（Ideal）として思念される他はないが、思弁はそれを「普遍的必然的な自然法則に従って一切の事物を結合する原理」とし、また事物の源泉と見なすことになる。そして、このような思弁が超越論的神学（die transzendentale Theologie）と称されるのである。

かかる思弁の必然性は実践理性の要請のうちに含まれていたと言うことができる。実践的信仰の対象としての最高善の理想が可能であるためには、神が徳と幸福を一致させるように世界を秩序立てていることが必要なのであった。「世界がかの理性使用――それなくしてはわれわれはわれわれ自身を理性に値しないものと考えることになるであろう――すなわち徹頭徹尾最高善という理念に基づくものとしての道徳的理性使用に一致せねばならぬとするならば、世界は一の理念より生じたものとして表象されねばならない」(ibid., A815f., B843f.)。

実践理性は世界の秩序について一つの要求を持つ。世界は、人間との契約のもとに道徳的命令を下し、威嚇を以て遵法を命ずる神の意志に従属していると考えなければならない。この神の配慮によって、徳が成就した時には至福が与えられるとするのである。これによってすべての自然研究は一つの方向を指定される。それは自然が神的意志の支配下にあることを証するために、自然のうちに合目的的統一を見いだすことに努めなければならない。実践理性は自然に対して「諸目的の体系という形式」を指定する。これによって、自然研究は自然の合目的性のうちに神的意志を見ようとする自然神学とならねばならない。そして、自然神学はより以上の思弁的完全性を求め、自然の合目的性を「ア・プリオリに諸物の内的可能性と不可分に結合されているはずの諸根拠」に基づかせようとする。その時、上述の超越論的神学が生まれるのである。

このように、実践理性は知に対して一定の要求を持つ。そこに実践と理論の間の通路が求められる。もちろん、理論理性は神的意志を自然の説明原理とすることはできない。それは隠れた性質を廃する近代科学の精神に反する。だが、何らかの形で実践理性の対象は自然(Natur)である。この自然が右の要求を容れうるものとしてあるのか否かをその基本的構造において考察することが必要である。

悟性的自然観

カントは「世界(Welt)」と対比しつつ「自然」の概念を次のように規定している。「世界とは全現象の数学的全体のことであり、大きさと小ささに関する総合の総体性（Totalität）すなわち合成（Zusammensetzung）と分割（Teilung）により総合を拡大することによって達成される総体性のことである。だが、まさしくこの世界は、それが力学的全体（ein dynamisches Ganzes）と見なされ、人が空間もしくは時間における集合（Aggregation）に注意を払い、世界を量（Größe）として成り立たせるのではなく、現象の存在（Dasein）における統一に注意するかぎりでは、自然と名づけられる」（ibid., A418f., B446f.）。「世界」が単なる数学的総体と見なされたのに対し、このような総体が力学的連関を以て統一を保持している時、それが「自然」と呼ばれるのである。自然とは「必然的規則すなわち法則に従い、諸現象が存在の上で連関しあっていること」を言う（ibid., A216, B263.）。

だが、ここにはなお二つの意味があるとされる。すなわち「形式（形相）的に見られた自然（natura formaliter spectata）」と「質料的に見られた自然（natura materialiter spectata）」の二義である。前者は自然を専ら形式面において捉えたものであり、後者は実質面において捉えたものである。前者は、自然一般の必然的な合法則性の根源をなす根拠のことであり、カテゴリーを言う。後者は、合法則的な全現象の総体のことに他ならない（ibid., B163,165.）。なお、カントは前者を「因果律という内的原理に従う物の諸規定の連関」（ibid., B446.）と説明し、液体や火の「本性」と言う時の「本性（Natur）」に相当するとも言う。「形相的」とは、その際「形容詞的」の意味である。これに対して、「質料的」とは「名詞的」の意味とされる。それは、「因果性（Kausalität）の内的原理によって汎通的に（durchgängig）連関するかぎりの諸現象の総体」のことである（ibid.）。

もとより、カントにおいて自然は人間の認識活動を離れて存在するものではない。それは人間の認識活動に応じて、すなわち実験的対話を通じて顕現するのであって、その総体は決して与えられる(gegeben)ものではない。それは一つの理念にすぎない。人間理性はかかる総体の理念に導かれて、それを現実化すべく漸次認識を拡張して行くのみである。

しかしながら、カントによれば、人間の認識とは感覚の多様に悟性的思惟の機能が加わることにより、単なる主観的表象にすぎないものを客観または対象として定立することである。ここにおいて、感性が個別的なものを受け持つのに対して、普遍的なものすなわち法則性を受け持つのは思惟である。認識の法則性の源泉は思惟である。それは悟性概念(Verstandesbegriffe)、カテゴリーすなわち範疇(Kategorien)を用いて遂行される。「カテゴリーとは現象、従って一切の現象の総体(natura materialiter spectata)としての自然に法則を先天的に規定する概念である」(ibid., B163.)。従って、「自然の一切の現象はその結合に関しカテゴリーに従属する。自然は(ただ自然一般 Natur überhaupt と見なされたものとして)このカテゴリーに依存し、それらを自らの必然的合法則性(natura formaliter spectata)の根源的な根拠とするのである」(ibid., B165.)。

悟性は自然の合法則性の根拠として自然に規則を指定する。それは規則の能力(das Vermögen der Regeln)である。カテゴリーは「図式(Schema)」を介して「諸原則(Grundsätze)」の体系を与えるが、原則とは自然一般を表す先天的総合判断である。悟性こそは一切の経験に先だって自然一般の規則を有しており、「自然の諸法則の源泉(der Quell der Gesetze der Natur)」(ibid., A127.)に他ならない。

それが源泉とされる理由は次のとおりである。「一切の自然の法則は区別なくより高次の悟性の諸原則に従属する。自然の法則は悟性の原則を特殊な場合に適用したものにすぎない。従って、悟性の原則のみが規則一般に対する制約と指標（Exponent）を含む概念を与える。これに対して、経験は規則に従属する事例（Fall）を与える」（ibid., A159, B198.）。具体的な自然法則は一般的な原則の特殊化に他ならない。「一切の経験的法則は悟性の純粋法則の特殊な規定にすぎない。それらはこのもとで、またこのものを規範としてのみ可能になる」（ibid., A127f.）。悟性はこのように与えられた現象に法則性を指定するのであり、まさしく自然の立法者（der Gesetzgeber der Natur）であることになる。

悟性の有する諸原則は、知覚の多様に応じて特殊化されるべき一般的範型である。これらの原則は特殊化されることによって認識を成立させ、客観を構成する。従って、それらは「構成的原理」と呼ばれる。このような原理のうち力学的連関としての自然を最もよく特徴づけるものは因果律に他ならない。「因果性の法則によってまず第一に諸現象が一つの自然となり、経験の対象を与えることができるのである」（ibid., A542, B570.）。

「一切の生起するものは原因を有する」というこの原則は、現象の因果系列の無限の連鎖を予想する。「かかる原因の原因性すなわち作用は、時間的に先行しており、その時点で生じた結果に関して言えば、それ自身常に存在していたということはできず、生起したものでなければならない。従って、それもまた、現象のうちに原因を有し、これによって規定される」（ibid.）。自然は悟性において機械的因果連関の必然的決定性のもとに理解される。自然は起始も終局も定かでない機械的な連鎖として表現されよう。

規則の能力としての悟性は自己の原則によって右のごとく自然を特徴づけ、感覚的多様に対してこの原則を特殊化することによって個別的認識を獲得する。感覚的多様は悟性の働きによって法則性を得、また統一(Einheit)を与えられる。よってこの統一は悟性統一(Verstandeseinheit)と呼ばれる。悟性は自己の機能の不変性を維持することによってこの統一の働きを継続し、個別的認識の拡張を課することができる。悟性に課せられていることは自己の原則を保持し、感覚的多様のうちに力学的連関を見いだし、そしてこの連関を拡張することに他ならない。

目的論的自然研究

だが、人間の自然認識がこの悟性的段階にとどまるとすれば、それは理性の実践的関心と何の関わりも有しない。この段階こそはまさしく理論と実践が互いに背馳するところである。悟性が獲得した個別的認識は、悟性原則の特殊化、個別化として、「自然一般」のうちに先天的構造を有し、そのもとに包摂される。だが、それらは相互の連関と統一ある意味づけを未だ与えられていない。それらは経験的な認識の多様(das Mannigfaltige der empirischen Erkenntnis)と呼ばれるにすぎない。

だが、このような悟性認識の多様性に対して、理性は建築術的関心(das architechtonische Interesse der Vernunft)を有する。「人間理性はその本性において建築術的(architechtonisch)である。すなわち、理性は一切の認識を一つの可能な体系（ein mögliches System）に属するものと見なすのである」（ibid., A474, B502.）。この関心によって認識の完全な構築物（das vollständige Gebäude der Erkenntnis）が目指され、個別的認識を一つの体系へと纏めることが要求される。

このことは、論理的には理性が推理の能力（das Vermögen zu schließen）とされることと関係している。理性は個別的認識を一つの原理（Prinzip）のもとに包摂し、原理すなわち普遍的なもの（das Allgemeine）において特殊なもの（das Besondere）を認識しようとする。従って、それは原理の能力（das Vermögen der Prinzipien）とも呼ばれる。推理とは原理から個別的認識を導く過程であり、原理からの認識（cognitio ex principiis）を目指す理性の要求の実現である(11)。

このような理性は、獲得された個別的認識に対して常にその原理もしくはそれの制約（Bedingung）を求めようとする。理性は制約からより高次の制約へ向かい、最高の制約に到達しようとする。そして、この最高制約から一切の個別的認識を導来する体系を構築しようとするのである。個別的悟性的認識はこれによって統一される。この統一は悟性統一（Verstandeseinheit）に対して理性統一（Vernunfteinheit）と名づけることができる(12)。

この理性統一の要求によって「純粋理性の最高原理（das oberste Prinzip der reinen Vernunft）」が掲げられる。それは、「制約されたものが与えられるならば、相互に従属する制約の全系列もまた与えられる。このものはそれ自身無制約（unbedingt）である」（ibid., A307, B364.）とするものである。この無制約者については二通りの理解の仕方が成り立つ。それを「制約の系列の絶対的全体性」と解するか、「直接的かつあらゆる点において無制約的な」系列の第一項として解するかである。いずれにせよ、悟性はこの原理のもとで悟性を促して制約の制約（die Bedingung der Bedingung）を求め、制約の完全性すなわち無制約者（das Unbedingte）に到達しなければならない。無制約者とは理性の到達目標である。

この目標は悟性的認識の拡張によって到達されるべきである。だが、悟性的認識は真の意味では決して完結性（Vollständigkeit）に達することはない。因果律を原理とする悟性にしてみれば、探究の無限進行が不可避的となり、この悪無限を引き受けねばならない。そうである以上、右の目標は成就されない理性の課題とされなければならない。それは単なる理念（eine bloße Idee）である。「全現象の絶対的全体（すなわち無制約者――著者）は単なる理念にすぎない。なぜなら、われわれはこのようなものを決して形像化する（im Bilde entwerfen）ことができないからである。従って、それは解決されることのない課題にとどまる」（ibid., A328, B384.）。

最高の制約がこのように単なる理念にすぎないかぎり、認識の体系、理性統一もまた理念にとどまる。理性は実現不可能な課題を提出しているにすぎない。「単なる理念としての体系的統一はただ計画されただけの統一である。人はそれを自体的に与えられたものと見てはならない」（ibid., A647, B675.）。そうであるとすれば、「人間理性の本性に根ざす」（ibid., A323, B380.）にせよ、それは何らかの意義を持つと言えるだろうか。それを実在的なものとして考えるわけにはいかない。それは限りなく追求されるべき理念であり理想であって、人間理性の全体が目指すべき目標として、個別的な悟性認識を一つの方向に纏める方向指示の役を担うだけである。理性は理念において自ら対象を思惟するわけではない。それは専ら悟性に関係する。「悟性が夢想もせぬようなある統一への方向（die Richtung auf eine gewisse Einheit）を指定し、各々の対象に関する一切の悟性の行動を絶対的全体（ein absolutes Ganzes）に向けて統一することを目指す」（ibid., A326f., B383.）(13)。すなわち、理性は、認識の絶対的全体を理念として所有することによって規定されたものと見なし、これによって個別的認識に統一の方向を指定し、個別的に機能する悟性活動に首尾一貫性を与えるのである。

このような理念は、悟性概念のような構成的原理ではありえない。それは、「悟性を或る目標に向かわせ、（……）悟性概念に最大の拡張と同時に最大の統一を与える」（ibid., A644, B672.）べく悟性使用を規制するだけであり、この意味で統制的原理（regulatives Prinzip）と呼ばれるべきである。こうした指導的理念は経験から得られたものではない。それは理性に先天的に備わった概念でなければならない。なぜならば、経験は体系をなすものとして自然を呈示することはできないからである。

それは「認識の全体の形式についての理念である」（ibid., A645, B673.）。「全体は限定された部分認識に先立ち、各々の部分にその位置と他の部分に対する関係を先天的に規定する」（ibid.）。それだけでなく、それはその都度の認識を自己に照らして吟味し、その十全性を評価する。「このような理性概念は自然より得られたものではない。むしろ、われわれはこの理念に従って自然を探究し、認識がこの理念に対して十全的（adäquat）でないならば、われわれの認識を欠陥ある（mangelhaft）ものとするのである」（ibid.）。従って、理念はまた獲得された認識に統一を与えるばかりでなく、或る予想のもとに積極的に悟性の探究を促すのであり、発見的原理（heuristisches Prinzip）とも言われることになる。

カントによれば、理性の本性から導来され発見的統制的原理として働く理念には三つがある。すなわち、㈠思惟する主体の絶対的統一としての「霊魂」、㈡現象の系列の絶対的統一としての「宇宙」、㈢思惟一般のすべての対象の制約の絶対的統一としての「神」である。これらは、理性の定言推理、仮言推理、選言推理に対応し、それらの論理的制約関係が「諸直観の総合的統一に適用」(ibid., A321, B378.) され、実在的制約関係として捉え直されたものと見なされる(14)。

第一の理念である「霊魂」は、「われわれの心性のあらゆる現象、働きおよび受容性を、あたかも心性が単純実体であって（少くとも生きているうちは）持続的に実在し、これに対して実体の諸状態は連続的に変化するかのように結合せよ」と指示する (ibid., A672, B700.)。第二の「宇宙」の理念は、「あたかも自然現象は自体的には無限で、第一の、または最高の項を有しないかのように、内的かつ外的な自然の現象の系列を完結されない探究によって追跡しなければならない」と命じる (ibid.)。これに対し、第三の「神」の理念は、「いつもただ可能的経験の連関にのみ属しうる一切のものを、あたかも現象の総体がその外に唯一最高で一切を充足する根拠を有するかのように見なさなければならない」とする (ibid.)。そして、カントによれば、神の理念に基づく統一は「最高次の形式的統一」であり、「事物の合目的統一（zweckmäßige Einheit）」(ibid., A686, B714.) を目指すものに他ならない。「統一の一切の可能な原理のうちで目的の統一原理は最も卓越したものである」(ibid., A702,

B730.)。そこにおいて、理性は「世界における一切の秩序を、あたかも最高理性（allerhöchste Vernunft）の意図から生じたものであるかのように見なす」（ibid., A686, B714.）。これによって、理性は目的論的法則に従って世界の事物を結合し、事物の最大の体系的統一に到達しようとするのである。

このように、カントは、理性の合目的的統一に対応して、機械論的自然観を超える目的論的自然観を追究しようとする。そして、それが成功するならば、実践と理論の乖離は克服されるであろう。世界の全秩序を神である最高原理の意図から生じたものと見なすことにより、実践的神信仰との結びつきが得られ、道徳的行為の展望と至福への希望が開かれる。人間と自然はともに神の意志のもとに立つことになるのである。

だが、このことによって人間の実践的関心と理論的関心は完全な調和に達したと言えるであろうか。二つの関心の間には如何なる亀裂もなく、また理論的探究内部にも何の対立も生じないと言うことができるであろうか。一体、自然現象の根底に神意を想定することは原始的自然観への退行であり、「隠れた性質」を復活させることとなりはしないか。近代科学の原理である因果律を否定し、見ることのできない神意によって自然現象を説明しようとすることになりはしないか。そうであるとすれば、それは悟性認識の破壊であり、理性活動の中止ないし怠惰な理性（die faule Vernunft）（ibid., A689, B717.）の仕事である。このような疑問を提起するならば、なお検討すべき問題のあることが分かる。当面、それは機械論的自然観と目的論的自然観の対立と和解可能性の問題であると言うことができよう。それを考察するにあたっては、カントが復活しようとした目的論が如何なるものであったかを見る必要がある。

三　自然の合目的性

カントは合目的性の概念を種々に区別している。第一の区別は「主観的、美的合目的性（die subjektive, ästhetische Zweckmäßigkeit）」と「客観的、知性的合目的性（die objektive intellektuelle Zweckmäßigkeit）」のそれである（KU., S. 271.）。前者は「対象と主観の認識能力（構想力と悟性）との調和」を言う。主観が対象の形式を捕捉しようとする時、この形式を自分の能力、すなわち直観を概念に関係させる能力と比較しなければならない。この能力は「構想力（Einbildungskraft）」と呼ばれる。この比較にあたって、与えられた表象により構想力が悟性（概念の能力）と意図せずに調和することがある。その時、主観のうちに快の感情が生じる。このように対象の表象が快の感情（das Gefühl der Lust）と直接結びついている場合、対象は合目的的なものと判断される。そして、この判断が客観の合目的性に対する「美的判断（das ästhetische Urteil）」と称されるのである。それは表象と主観との関係を示すにすぎないかぎり、認識の構成要素をなすのではなく、また対象それ自身の性状を意味するわけでもない（ibid., S. XLIIIff.）。

これに対して、幾何学的図形を一定の原理に従って描く場合、多くの問題がただ一個の原理に従って解決され、また同じ問題を無限に異なる仕方で解決することができる。「例えば、与えられた底辺とその対角をもって三角形を構成せよ、という問題は不定である。つまり無限に多様な仕方で解決できる。しかし、円はこの与えられた条件を満足させる一切の三角形を剰さず成立させる軌跡として、無限に多様な解決の仕方をすでに包括している」(ibid., S. 272.)。このような時、そこに合目的性が認められる。それは、この図形がわれわれの意図する多くの形態を産出するのに適することを示すが故に、「客観的合目的性 (die objektive Zweckmäßigkeit)」と言われ、また理性によって認識されるが故に「知性的合目的性 (die intellektuelle Zweckmäßigkeit)」と称される (ibid., S. 274.)。

だが、かかる知性的合目的性は、「客観的合目的性」ではあるにせよ、「形式的合目的性 (die formale Zweckmäßigkeit)」にすぎない。それは「実在的合目的性 (die reale Zweckmäßigkeit)」から区別される。その根底には一定の目的や根拠を置く必要はなく、また目的論を必要としない。円の図形は、原理に従い悟性によって規定されているような直観である。この原理は私が任意に想定したものであり、私はこれを概念としてこの直観の根底に置く。この原理による統一がア・プリオリな直観形式 (空間) に適用されると、この統一によって、当の概念の構成から生じる多くの規則が解明されることになる。様々な可能的意図に対して合目的的であるような規則の統一が与えられるのである。

これに対して、例えば、庭園を造成しようとする時、樹木、花壇、小径等を一定の目的に従って配列することになる。しかし、それらのものは経験的に与えられるものであり、ア・プリオリな原理に従って規定されているわけではない。それらは、それらの外にある目的ないし根拠によって規定され、これに依存する。そこに成立する合目的性は「実在的合目的性」と称されねばならない (ibid., S.

275.)。

それでは、自然の目的ないし自然の合目的性とはどのようなものであるか。カントは「自然の客観的、実質的合目的性（die objektive materiale Zweckmäßigkeit）」について語る。その概念は原因と結果の関係を一定の法則的関係として理解する場合に成立する。但し、結果の概念を、原因そのものの根底に存して結果を可能ならしめる条件と見なし、この概念を原因の原因性に対して前提することによってこの理解が可能となる場合である（ibid., S. 279.)。結果が原因の根底にあって結果を可能とするというのであるから、それは「目的因」である。その際、結果を自然の目的と見なす場合と、他の原因による合目的的使用のための手段と見なす場合の二通りがある。前者は「内的合目的性（die innere Zweckmäßigkeit）」と見なされるが、後者は「相対的な合目的性」であり、「有用性（Nutzbarkeit）」ないし「有益性（Zuträglichkeit）」と同義に用いられる（ibid., S. 280.)。それは物それ自体の客観的合目的性ではなく、偶然的合目的性であり、外的合目的性にすぎない。

自然界にあるものを目的として洞察するためには、どのような条件がなければならないであろうか。それは、それを発生させた原因性を自然の機械的機制に求めるのではなく、「その作用能力が概念によって規定されるような原因」に求めることを意味する。そのような原因が要求されるのは、物の形式があらゆる経験的自然法則に従っているにも拘らず、理性に関しては偶然的（zufällig）であるという事情に基づく(15)。そうした偶然性が、自然における所産の原因性を理性によってのみ可能であるかのように想定させるのである。当の対象は「目的に従って行為する能力（意志）」によって生じたと見なされるわけである。それは、とりも直さず、この対象が目的としてあるということに他ならない（ibid., S. 285f.）。

だが、自然目的（Naturzweck）の概念のうちには、或るものが自らの原因であり結果であるということが含まれている。樹木の繁殖とは、樹が類の観点において自分自身を生み出すことである。また、生成することによって樹は個体としての自分自身を産みだしている。更には、樹のどの部分もまたそれぞれ自分自身を産出する（ibid., S. 287f.）。このような自己生産ないし自己産出、換言すれば、自分自身に対して原因でもあり結果でもあるという相互的関係が自然目的の概念を成立させていると言うことができよう（ibid., S. 289.）。そして、かかる相互的関係が目的論的連関（nexus finalis）に他ならない。それは、原因から結果への下降系列のみからなる作用的連関（nexus effectivus）から区別される。後者を実在的原因による結合と名づけるとすれば、目的論的原因は観念的原因による結合と称される(16)。

目的としてあるかぎり、そのうちに含まれているすべてのものは或る種の概念もしくは理念によってア・プリオリに規定されており、それによって統一されている。このことは、部分がその現実的存在と形式に関して、全体に関係することによってのみ可能になるということである。これが自然目的であるための第一要件である。だが、このように言うかぎりでは、概念もしくは理念は部分から区別されたものでありうる。自然目的とはこのように外にある原因を必要としないものでなければならない。そのためには、すべての部分が互いにそれぞれの形式の原因にもなりまた結果にもなりうるというように結合して統一された全体を形成することが肝心である。そうすることによって、全体の理念は一切の部分の形式と結合とを規定することができるようになるのである（ibid., S. 291.）。

このような自然的所産においては、どの部分も他の一切の部分によってのみ存在すると同時に、また他の一切の部分および全体のために実在する。すべての部分がそれぞれ道具（Organ 器官）と見なされる。そして、この相互関係は相互的産出関係なのでなければならない。この点が技術の道具と異なる所以である。そして、それによってのみ、自然的産物は有機的存在であると同時に自分自身を有機的に組織する存在者（organisiertes und sich selbst organisierendes Wesen）として自然目的と称されるのである（ibid., S. 292.）。一言で言えば、有機的存在者はそれ自身のうちに「形成する力（eine bildende Kraft）」を備えている。

こうして自然は自己自身を有機的に組織する。このことは如何なる技術との類比によっても説明されえない。自然の内的合目的性は物理力といった概念によってはまったく説明できない（ibid., S. 294.）。その意味で、自然の有機的組織は、およそわれわれに知られるかぎりの原因性に類似するようなものをまったく持っていない、とカントは言う。かくして、自然の有機的産物の定義が得られる。すなわち、自然の有機的産物とは、その中において一切のものが目的であると同時にまた相互的に手段となるものである。この定義はまた有機的存在者の内的合目的性を判定する原理ともなる（ibid., S. 295f.）。

かくて、物質は有機的組織を持つかぎりで自然目的という概念を伴うことになる。だが、このことはこの概念を有機物に限定するわけではない。自然目的の概念は、目的の規則に従う体系としての自然全体という理念に必然的に到達する。それは、「世界における一切のものはなんらかの目的に役立つ。世界には何ひとつ無駄なものはない」という命題で表明される。このことは、自然の一切の機械的組織はこの理念に従属せねばならないということである(17)。自然を探究しようとする者は、有機的産物を実例としつつ、自然とその法則から合目的的であるようなものだけを期待するのでなければならない。これが自然探究を統制する原理となる。それによって自然学が拡張される。すなわち、自然物をすでに与えられている機械的な規定根拠を顧みながら新しい法則的秩序に従って考察し、機械的原因性を損うことなく、究極原因という別の原理に基づいて捉えるのである。それによれば、人間を苦しめる害虫ですら、清潔を促すための動因であると見なされうる。それによって、物の目的論的秩序に対する一種の見通しが得られるわけである (ibid., S. 299ff.)。

自然科学と神学

目的論的自然観を特殊な対象に限定するのではなく自然一般に拡大するということは、機械論的自然観に重なる形で目的論的自然観が成立しうるとすることである。「自然的所産は、盲目的に作用する原因の機械的機制を越えた彼方に自分自身を可能ならしめる別個の原理を求める必要は全然ない。それにもかかわらず、かかる自然的所産を目的の体系に属すると判定することは何ら差し支えない」(ibid., S. 304.) と見なされる。機械論的法則に従う研究の仕方とは異なる研究の仕方が理性の使用に加わる。そして、それは何ら矛盾を生ずることなく、「機械論的法則ではおよそ特殊な自然法則を経験的に探究するためにすら不十分である」という欠陥を補うのである。自然科学の内的自存性はそれによって何ら損なわれない (ibid., S. 306.)。

だが、人はしばしば自然における合目的性を説明するために神の概念を持ち込む。或いは、神の存在を証明するためにこの合目的性を使用する。このことは自然科学を神学と混交し学の自存性を損なう恐れがある。だが、このような問題は、自然科学を狭く限定することから起こるのだとカントは言う。すなわち、機械的機制に従う自然研究を観察や実験に付することのできるもの、われわれが自然と等しく、或いは少なくとも自然と同様の規則に従って自ら産出しうるようなものだけに限定するためである。その結果、自然の内的目的としての有機的組織は、人間の一切の技術と能力を無限に超えていると見なされ、そのために神の手を必要とすることになるのである (ibid., S. 309.)。しかし、カントは、人が自然の目的を神的目的と混同し敬虔な心から後者をより適切だとすることをまったく無意味だとはしない (ibid., S. 306.)。それは自然目的の最高根拠を自然を越えたところに想定することに等しいが、「われわれ自身のうちにある実践的能力」に関係するからである。それは、自然を知るためでも、自然の根源を知るためでもない (ibid., S. 295.)。そして、ここには、自然の合目的性に立脚する自然神学との関係が無視できない問題として控えていることになる。

なるほど右に述べたように、「自然的産物は盲目的に作用する原因の機械的機制を越えた彼方に自分自身を可能ならしめる別個の原理を求める必要は全然ない」。だが、もし「目的による統一」の可能性を説明しようとするならば、「悟性の有するような原因」を想定せざるをえない。「およそ目的による統一は、われわれが自然における物を、まず原因としての実体から生じた内的結果と考え、また次にかかる原因を実体の悟性による原因と考えないかぎり生じることはない」(ibid., S. 326.)。この点においては、エピクロス主義もスピノザ主義も妥当ではない(18)。

一体、自然目的の概念は自然界を超出する超感性的なものの概念を示唆するものとしてある。それは「元来自然における産物の概念として、一方では自然必然性を含む」が、また他方では、普遍的は機械論的な自然法則のもとに包摂しきれない対象の形式の偶然性を含んでいる。この偶然性は普遍的な自然法則によって自然を規定しようとする人間の認識能力にとっての偶然性であるとすれば、それを含む自然を可能とするようなものが経験的な認識の圏外に想定されなければならない。すなわち、自然は、「われわれにとっては経験的に認識されえないような(超感性的な)ものとの関係」を有すると考えなければならない(ibid., S. 331.)。しかもそれを「意図に従って作用する原因」(ibid., S. 333.)として、「悟性の原因性に類似する仕方で産出するような存在者」(ibid.)と見なさざるをえないのである。こうして、自然目的、目的としてのみ見なされる自然物は、世界全体の偶然性の最も主要な証明をなす。更に、それは、世界の外に実在していてしかも知性的であるような存在者が世界全体の根源であり、世界全体はかかる存在者に依存しているということの唯一の証明根拠(ibid., S. 335.)である(19)。かくして、目的論は神学に帰着する。それは次のような主張に他ならない。「われわれが多くの自然物の内的可能性を認識する場合にすら、この認識の根底には合目的性が置かれねばならない。

そして、かかる合目的性を考えまた説明するためには、この合目的性とおよそ世界とを或る知性的原因（神）の産物と考えるより他はない」(ibid., S. 337.)。

カントは、この命題が「われわれの理性の思弁的ならびに実践的使用を、およそ人間の意図に関する限りすべての点において完全に満足させる」(ibid.) と言う。それはまさに神の概念において実践理性の要請と直結しているからである。それのみならず、自然の根底に超感性的基体を想定することは、実践的行動を考える場合と同一の構造を有していると見ることができる。自然を捉える仕方と行為を捉える仕方がここでは合致することになるわけである(20)。

理性は自然を理論的に考察する際に、自然の本源的根拠の無条件的必然性という理念を想定する。人間の認識能力にとっては、しかし、それは自然界における偶然性として現れる。同様に、理性は、実践的考察においても、理性自身の無条件な原因性すなわち自由を前提する。それは道徳的命令および義務として意識される。だが、この行為の必然性は、自由によらない出来事としての行為の自然必然性と対立し、自然現象としてはまったく偶然なものと見なされる。この対立は「ある（生起する）」に対する「あるべきである」によって示される。とはいえ、自由は、「われわれ」にとってもまた感性界と結びついている一切の理性的存在者にとっても、普遍的な統制的原理として働き、その理念に従う行為規則はすべての人に対する命令と見なされる。一見偶然的な自然界の現象が超自然的な根拠に基づいて生じたと見なされるわけである (ibid., S. 344.)。それは、目的論的な自然観察において、一見偶然的に見えるものが超感性的な意図の発現と見なされるのと同じ事情にあると言うことができる。換言すれば、理論と実践は超感性的なものを想定することにおいて出会うのである。

だが、人間と自然はかかる構造的類似性を越えて、人間を自然の究極目的として捉える目的論的秩序のうちに置かれる。人間が究極目的とされうるのは、人間の悟性が一切の被造物の使用を人間に教えるものだからである。人間はみずから目的の概念を造り出し、また合目的的に形成された物の集合から自分の理性を用いて目的の体系を作りうる唯一の存在者である。その意味で人間は「創造の究極の目的（der letzte Zweck der Schöpfung）」である（ibid., S. 383.）。「人間は、悟性と従ってまた任意に自分の目的を設ける能力とを備えた地上唯一の存在者として自然の主人と呼ばれるものであり、また自然を目的論的体系と見なすかぎり、人間の使命に鑑みて自然の究極の目的である」（ibid., S. 390.）。だがまた、人間が道徳的存在であるということが人間を創造の究極目的たらしめる。「道徳的存在者としての人間については、人間は何のために（quem in finem）実在するのか、と問うことはもはやできない。人間の現実的存在は、自己のうちに最高の目的そのものを含んでいる。そして彼は自分の力の及ぶかぎり全自然をこの最高目的に従わせることができる。或いは少なくともかかる目的に反して、彼自身が自然の影響に従っていると見なすことは断じて許されないのである」(ibid., S. 398.)。人間以上の目的はなく、「人間が存在しなければ互いに従属的な目的の系列は基礎づけられない」（ibid., S. 398f.）。「人間においてのみ、しかも他ならぬ道徳性の主体としての人間においてのみ、目的に関する無条件的な立法が見いだされうる。そして、かかる立法こそ人間を究極目的(Endzweck)、全自然が目的論的にそれに従属しているような目的であるようにすることができるのである」（ibid., S. 399f.）(21)。

従って、自然界を超えた知性的存在者をもし考えるとすれば、それはかかる人間存在に立脚するのでなければなるまい。神学は自然神学としてよりは道徳神学として成立する。自然神学は道徳神学の前段階にあるにすぎない。前者の格率は、「もしわれわれに自然の有機的産物がただ一つでも与えられているならば、(……) 自然そのものの原因 (それが全自然の原因であると、自然のかかる一部分だけの原因であるとを問わず)、すなわち、悟性によってかかる産物に対する原因性を含むような原因の根拠よりほかの根拠を考えることはできない」(ibid., S. 401.) というものである。だが、それはこの知性的な世界の原因の概念を理論的にも実践的にもそれ以上規定することはできない。それは自然の目的についての材料を提供し、自然の目的を考察することによって究極目的を察知させる機因を与えるのみである (ibid., S. 482.)。最高存在者の理念の本来的な場は理性の理論的使用ではなく、その実践的使用である。それは、「ア・プリオリにわれわれのうちで根底をなしている」(ibid., S. 404.)。そして、人間は「まさにこの理念に促されて自然における目的の原根拠から神性の概念に至るまで、自然目的論の不完全な観念を補完する」(ibid.) ことになる。

人間は自己の存在の価値を自己自身に与える。この価値の本源は人間の行為、すなわち彼がいかに行為するか、またいかなる原理に従って行為するかにある。人間は、自然の単なる一環としてではなく、自由意志によって行動する。それは善意志 (ein guter Wille) に基づいてということである。人間の存在はこの善意志によってのみ絶対的価値を持ち、また世界の存在は人間のこの存在に関係して初めて究極目的を持つことができる。人間は、自然が一切の仕組みとともに実在するための目的であり、創造の最終目的である。

道徳的存在者としての人間こそは、世界を目的に従って連関する全体と見なし、従ってまた究極原因の体系と見なす根拠ないし主要条件である。そして、ここから自然目的と知性的な世界原因との関係に対して、この第一原因の特性が考えられるとともに第一原因の概念を規定する一個の原理が得られることとなる（ibid., S. 413.）。

かくして、知性的な世界原因という根源的存在者は、自然に対し普遍的法則を与える立法者としてのみならず、道徳的な目的の国における立法的元首として考えられる。それは全知にして全能であり、大慈、公正、永遠、遍在等の述語を与えられる。こうして、自然的目的論では得られなかった第一原因の規定が道徳的目的論によって獲得され、神学が確立されることになる（ibid., S. 413f.）。

道徳的目的論はこのような神概念に如何にして到達するのか。

道徳法則は人間が自由を行使するための形式的条件である。それはいかなる目的にも依存することなく、それ自体だけでわれわれに責務を課す。だが、人間の側からすれば、かかる法則の下で自分の究極目的を設定するためには主観的条件が満たされねばならない。それは幸福である。善は幸福の要求を満たすかぎりで最高善である。そして、かかる最高善が究極目的とされるべきものに他ならない。究極目的のうちに含まれるこれら二つの要求が単なる自然原因によって結合されていると考えることはできない。従って、人間の自由に自然の原因性とは別の原因性を結びつけなければならない。すなわち、道徳的な世界原因（世界創造者）を想定することが必要である。それが道徳法則に叶うように究極目的を設定するための条件である。究極目的を設定することが必然的であれば、道徳的な世界原因を想定することも必然的である。すなわち「神が存在する」と主張されねばならないのである(ibid., S. 423f.)。

もし人が神の存在を認めないとしたらどうであるか。いかに誠実で無私無欲であっても、人間の努力には限界がある。目的の達成を自分の責務と思うならば、自然からの偶然的な協力を期待するのではなく、目的との合法則的な一致を期待しなければならない。彼の周囲には欺瞞や兇暴な力や嫉妬、窮乏、疾病、早死に等がある。広大な墓域が彼を呑み尽くし、質料の無目的な混沌、混沌の深淵の底に彼は投げ込まれ或いは投げ返される。神への信仰と右の期待を欠くならば、人は道徳法則のもとでの目的を不可能事として放棄し、道徳法則に対する尊敬の感情をも減退させるであろう。従って、あくまで道徳法則に随順しようとすれば、道徳的な世界創造者すなわち神を想定せざるをえないのである(22)。

この神存在の道徳的証明は、前節で見た神の要請論と大きく違うものではない。だが、それは今では自然的目的論を予備学として有している。「理論的・反省的判断力に対しては、自然的目的論が自然の目的に基づいて知性的世界原因を十分に立証した。そこで、実践的・反省的判断力に対しては、道徳的目的論が実践的見地において創造に帰せざるをえない究極目的の概念によってかかる世界原因を証明する。道徳的世界創造者としての神の理念の客観的実在性は、確かに自然的目的だけでは説明されえない。しかしそれにもかかわらず、自然的目的の認識が道徳的目的の認識と結びつくならば、自然的目的は、純粋理性の格率すなわち原理の統一をできるかぎり求めることをわれわれに要求する格率によって、当の理念の実践的実在性のために力を提供するという非常に重要な役割をすることになる」(ibid., S. 434f.)。

こうして今や、理論的関心と実践的関心が神の概念の下で相携えて働くことになる。実践的関心は理論的探究に対して目的論的に自然を考察するという理念を与え、理論的探究は自然の合目的性の解明によって神の存在への確信を高め、実践的立場を強化する。人間は自然の究極目的として目的論的秩序の中で不動の位置を獲得しているものと見える。

四　神と自然の間

だが、自然の合目的性という思想が意味を持つのは、「反省的判断力 (die reflektierende Urteilskraft)」に対してであって、「規定的判断力 (die bestimmende Urteilskraft)」に対してではない。判断力とは「特殊を普遍のもとに含まれているものとして考える能力」である (ibid., S. XXV.)(23)。規定的判断力とは、特殊を悟性の与える普遍的超越論的法則のもとに包摂する能力を言う。普遍はア・プリオリに悟性に備わっており、特殊が与えられた時にこれを普遍のもとに包摂するのである。これに対して、反省的判断力は、特殊のみが与えられ、それを包摂すべき普遍がまだ与えられていない時、これを発見しようとする。その課題は「自然における特殊から普遍へと昇っていくことである」

(ibid., S. XXVIf.)。かかる課題が生じるということは、自然現象のうちに悟性的普遍では捉えきれないものがあるということによる。それは、放置すれば、連関のない多様にすぎないものとなろう。だが、このような放置は許されず、その中に統一が求められるのである。

「経験的な特殊的自然法則には、普遍的な自然法則によって規定されずに残されたものが含まれている。そこで、これらの特殊的自然法則は、普遍的法則が仕残したものに関し、或る種の統一に従って考察されねばならない」(ibid.)。それは「あたかも或る悟性(われわれの悟性ではないにせよ)がわれわれの認識能力の必要を考慮してかかる特殊的自然法則に従う経験の体系を可能とするために与えておいたものであるかのような統一」(ibid.)を想定することである。

なぜかかる知性的原因が仮定されねばならないかということは前節で考察されたが、人間の悟性にとって偶然的なものが現れて来るという理由による。普遍的必然的連関に収まりきれないものがある時、それを説明するには超越的な知性的存在者の決定を想定しなければならない。そして、このような偶然的なものが現れるということ自体人間の認識能力の限界によると言わなければならない。

「自然的産物における自然の合目的性の概念は、自然に関する人間の判断力にとっては必然的な概念であるが、対象そのものの規定に関する概念ではない(……)」(ibid., S. 344.)。そこに指摘されるのは、人間の認識能力の主観性であり、対象そのものからの分離である。「要するに、この概念は判断力に対する理性の主観的原理である」(ibid.)にすぎない[24]。それは、人間の判断力に対しては、客観的原理であるかのように必然的に妥当するが、自然の構成的原理ではないのである(ibid.)。

なるほど、機械論的説明は限界を有する。「われわれが自然目的と判定せざるをえないような物（有機的存在者）について、われわれは機械的産出の一切の法則、すなわち既知の法則と、更にまたこれから発見される法則を試してみることができるし、またこのことの順調な発展を期待して差支えない」(ibid., S. 353.)。だが、「いかなる人間理性も一茎草の産出をすら単なる機械的原因によって理解しようと望むことはできない」(ibid.)。原因および結果の目的論的結合こそはこのような対象が可能となるために欠くことのできないものである。

しかしながら、現象としての外的対象に対しては、諸目的に関する十分な根拠は絶対に見出されない。それは自然の超感性的基体に求められねばならない。とはいえ、「かかる基体について可能な洞察は、われわれには一切遮断されている。自然の目的による結合の根拠を自然そのものから得てくることは、われわれには絶対に不可能である」(ibid., S. 353f.)。人間の認識能力の性質からして、この不可能性を克服することはできない。かくて、人間を超えた根源的根拠 (ein ursprünglicher Grund) を想定する他はないことになる。だが、このことは、逆に、かかる根源的悟性を決して自然の説明原理として用いるわけにはいかないということを意味する。かくして、目的論的説明も当初より限定を付されているのである。

却って、カントは機械論的観点の重要さを指摘する。「理性にとって最も重要なことは――自然の産出における機械的機制を放棄しないこと、またこの産出を説明するにあたって自然のかかる機械的機制を無視しないことである。このような機械的機制なしでは、物の本性に対する洞察を獲得できないからである」(ibid., S. 354.)。「たとえ最高の世界建築師というものがあって、自然におけるさまざまな形式を、それが最初から存在しているとおりに直接に創造したとか、或いはまた、これらの形式が自然の経過において絶えず同じ規範に従って自分自身を形成していくように予定しておいたというようなことを認めたところで、われわれの自然認識はそれによっていささかも促進されるものではない」(ibid.)(25)。

では一体、目的論的原理は何の役にたつのか。それはまさしく反省的判断力に対する原理であり、統制的かつ発見的原理であるにとどまる。「われわれはこの原理によって一筋の手引を得るにすぎない」(ibid., S. 301.)。すなわち、「すでに与えられている規定根拠を顧みつつ新しい法則的秩序に従って自然物を考察し、また究極原因というこれまでとは別の原理に従って、しかも機械的原因性の原理を損なうことなく自然学を拡張するための手引に他ならない」(ibid.)。一体、目的論的関係とは原因のうちに結果の概念が含まれ、結果が原因であるような原因と結果の相互関係ないし同一性を意味するものに他ならなかった。目的論的に考察するということは、このような相互関係をより一層精密に見いだすということに他ならないであろう。そうすることによって、一見因果関係を含んでいないと見える、或いはそれに反すると見えるものの中に関係を発見することが可能となるのである。

機械論の限界が如何に強調されようとも、探究の内実は機械論的でなければならない。目的論は探究の枠組みを作り、方向を定めることに寄与すると見なされよう。すなわち、一見偶然的と見えるものを主題化し、その中に関係を見いだそうとすることにである。その意味で、それは発見的原理なのである。

こうした問題が生じるのは、人間の認識能力の限界と有限性によるものであることは繰り返すまでもない。人間は右の発見的統制的原理によってこの限界を補い、統一的、全体的な自然像を手に入れようとする。それは人間を実践的なものの想定にまで導く。それは実践的なものとの関連とそれへの通路を開く。だが、人間と自然の乖離が最終的に超克されたと言うことはできない。

自然は一方では因果法則によって貫かれておりながら、人間に対して未解明なものを無数に残している。それは人間にとって偶然的なものの集積と見える。人間は一方で因果的必然性によって自由への挑戦を受けながら、他方において見通しの効かない偶然性に翻弄される。自由な創造的意図を超感性的なところに確保しつつ偶然性を摂取しようとするところに、目的論の意義はあると言えるかもしれない。だが、それはあくまで理念的・理想的にでしかない。裏返して言えば、それは人間の有限性の表明に他ならないのである。

そして、人間と自然のかかる対立が実践的にも神を要請することを必然的なこととするのである。人間の理性は自律的かつ自由であるとされながら、その道徳的意志は神の信仰なくしては希望を有しえない。それは、その自律ないし自由が何よりも自然と対立したもの、または自然に対する対立を意味するものに他ならないからである。道徳的目的を実現しようという意図と行為は予め挫折を宿命づけられていると言って過言ではあるまい(26)。

神の信仰はこうした実践的人間の脆さを補強する。それは人間の幸福願望を満たすものだが、それの意味するところは、まさに人間と自然の疎遠さと対立を解消し、善意志が実現され、徳には幸福が伴うことを保証することである。人間は対立的現実を神の理想のうちで解消しようとしているわけである。そして、それはまた自然を合目的的に見ることに通じている。実践的意志は神の概念を介して自然を合目的的なものとして観照し、逆に自然の合目的性の観照は自然に対する尊敬の念を高め、人間を道徳的にも醇化する(27)。『実践理性批判』の結語においてカントは、「それを絶えずまた間断なく沈思すればするほど、より一層新鮮にまたいやましに心を驚嘆と畏敬の念で満たすものが二つある。私の頭上に輝く星晨の天と私のうちにある道徳法則がそれである」(K. d. p. V., S. 288.) と述べるが、この言明はここにおいて統一的連関のうちに捉えられていると言ってよかろう。

だが、そこには苛酷な自然との対決が前提されていることを忘れるわけにはいかない。却って、この対立が右のような理念と要請を生むのである。対立があればこそ、理念的理想界すなわち英知界に飛翔し、そこから世界を俯瞰しようとする。人間は自然界を超出せざるをえない。自然界を摂取することができないからである。とはいえ、神そのものとなり切るわけにもいかない。自然と対立し神を仰望しつつ自然を理論的実践的にわがものとしようとすること、そこに人間の姿があると言えよう。かくして、人間は神と自然の間に位置する中間的存在者である。

人間のこうした位置づけは、或る意味では伝統的なキリスト教的世界観に忠実であると言うことができる。だが、これまでに論じて来たことから、そこには特殊近代的な事情のあることを指摘しなければならない。人間の本来的関心事とされる形而上学の混乱もさることながら、デカルトに発する学の確実性の要求とそれに対するヒュームの徹底的懐疑がカントの思想的前提としてあった。しかも、あらゆる学に対する懐疑的態度は確実性の要求から出てきたと言うことができるのである。デカルトの方法的懐疑が示した批判的吟味の精神が一つの形態を取ったものがヒュームの懐疑主義なのであった。

懐疑主義が知の無力さと世界との断絶を表明していることは言うまでもない。だが、学の第一原理を確保したとするデカルト哲学も物心二元論を帰結せざるをえなかった。近代哲学は鋭い批判的精神に基づいて成立しただけに、世界についての言明の非妥当化、判断中止に伴う隔絶感を前提し、またそれを再確認する結果となったと言いうるかもしれない。そこに生まれるのが人間主観の有限性と限界の意識である。こうして近代主観主義が生まれるのである。

カント哲学もこうした近代哲学の潮流のうちにあるものに他ならなかった。カントにおける世界との隔絶は、認識が感性による感覚の受容に始まるとされながら、感性を触発するものと感覚の間に断絶が設けられることによって始まっていた。人はこのように隔絶させることの意義を問うこともできたのかもしれない。

もとより、カントにおける対立は、認識を制限し信仰に余地を与えるためのものであった。だが、対立を前提し対立観に基づく信仰は、それ自身対立に付き纏われている。信仰は対立を克服するという願望を含んでいたが、この克服を不十分にしか果たしえない。これが人間を中間的存在者とする理由である(28)。カント哲学はこのような人間観を呈示することによって、近代哲学の難問を身を以て明らかにしたと言うことができよう。それは、人間を近代哲学の限界に立たせたのである。だが、そうすることはまた近代を乗り越えようとする衝動を喚起することでもあった。かくて、フィヒテに始まるドイツ観念論の諸思想が近代的対立を如何に超克するかという課題をめぐって奔流の如く流れ出ることになるのである(29)。

第六章　道徳神学の問題

序

理性の思弁的超絶的使用を禁じたカントも人間の全活動領域と自然界を統一するために、やはり神の理念を必要とした。神に至る道としてカントが肯定的に語ったものには二つがある。自然界における合目的的なものの存在を根拠として超感性的な神的知性を想定する自然神学と道徳的存在者の存在に基づきその根拠として神を要請する道徳神学である。

実践的要請として神を想定することは、カント哲学に固有の対立に起因する。理性と感性的自然の対立を人間は免れえず、そのために道徳的実践は困難に陥る。この困難に対し究極的な実践的目標すなわち最高善の達成を可能にするために、カントは神を要請するのである。それはまさに右の対立を架橋すべきものとしてある。

この対立は自由と必然性の対立として捉えられる。因果律を原理とする立場からすれば、自由は脈絡のない偶然事を発生させると見なされる。だが、道徳の立場からすれば、道徳的実践は別の意味の必然性を持っている。自由は道徳法則という理性的必然性を実現しようとするものであり、それにとっては感性的自然はむしろ恣意的なもの、偶然と混乱を持ち込むものに他ならない。理論的客観的な考察にとってこそ、後者は因果的必然性のもとにあると見られるのである。ここにあるのは、次元を異にする二種の必然性の対立に他ならない。これら異なった原理を架橋するところに神的存在者の意義があるのである(1)。

自然神学においては、理論的見地からは捉えきれない偶然性の救済がより明確な課題となる。だが、この偶然性は、理論的考察にとって因果的必然性のもとに包摂できないという事情、すなわち人間の認識能力の限界を示すものに他ならない。それは事柄自身の偶然性を意味するものではない。従って、その根拠を求めることはなお可能である。そして、そうした根拠として自然界の超感性的基体、神的知性を想定するわけである。

実践的要請としての神が理性と感性的自然を架橋すべきである以上、それは自然の支配者という意味を有していなければならない。それは或る知性的意志によって自然界が創出されたとする目的論的自然観と合致し、自然神学と提携する。自然探究は実践的理念の指導のもとに合目的的自然組織の発見に向かうこととなる。だが、それだけでは自然の全秩序について語ることはできない。自然は全体として何のためにあるのか、自然の究極目的は何であるか、という問いが残る。そのかぎり、全自然は存在理由の不明確なもの、偶然的なものにとどまると言わねばならない。この問題に答えるのは、人間を道徳的存在者として捉え、それを創造の究極目的となす道徳神学である。そこにおいて、人間は全自然の存在意義の源泉にして中核であり、また自然を道徳的意志のもとに治めるという課題を担うものとなる。世界は意味的な秩序を持った宇宙となる。

だが、それによって対立は解消したと言えるであろうか。究極目的とされた人間自身理性の一元的支配を甘受することができるのであろうか。或いは、道徳的意志による人間の世界支配はもはや障害なしに進みうると言えるであろうか。ヘーゲルによれば、カントの目的論は「外的合目的性」の見地にとどまる。それを越えるには「内的合目的性」の見地が生かされねばならない。それは、「直観的悟性」、「原型的知性」、「知的直観」等の思想に結びつく。カントはこれらの思想に積極的な意味を与えることを拒否したが、ドイツ観念論はそれらの内実を求めて発展する。だが、その萌芽はカントにあったことを見るならば、カントの拒否の意味は何か、ドイツ観念論がそれを発展させえたとすれば如何なる根拠によるのか、そうした問いがドイツ観念論の形成を捉える上では不可避的となる。本章はヘーゲルの見解を参照しつつこの問いに答えようとするものである。

一　自由の存立と危機

『純粋理性批判』(2)第二版の序文において、カントは「私は信仰の余地を獲得するために知を廃棄しなければならなかった」(K. d. r. V., BXXX.) と述懐する。信仰と知は対立するものとして捉えられている。それは人間の実践的活動と理論的活動の対立に他ならない。前者は意志の自由を原理とし、後者は因果的必然性の観点のもとに物事を捉える。従って、右の対立は自由と必然性の対立として理解される。この対立を如何に解決するか。そこに『純粋理性批判』の核心的な問いがあったと言って過言ではない。そして、それを主題的に取り上げたものが第三アンティノミー論である（K. d. r. V., A444, B472.）。それは世界における現象の原因性をめぐる宇宙論的な対立を問題とする。そこにおける対立の様を見るとともに、それは人間においてはどのような対立となるかを考察することが必要である。

さて、論戦は、先ず反対の説を仮定しそれを論駁することによって自説を正当化するという論法（帰謬法）の応酬からなる。「定立」は自由による原因性を次のように主張する。一切が自然法則に従って生起するとすれば、それらは因果系列をなすことになるが、原因の系列を如何に上昇しても常に従属的な始元に達するのみで、第一始元に達することはなく、系列の完全性を獲得することはできない。しかしながら、これは「十分ア・プリオリに規定された原因なしには何事も生起しない」という充足理由律に反する。生起の原因を問いながら、それの達成は不可能であるというのであるから、自然法則にのみよる原因性という概念は自己矛盾に陥る。従って、他の原因なしに絶対的必然的に現象の系列を自ら始めるような原因が求められる。但し、この系列そのものは自然法則に従わねばならない。カントはかかる絶対的自発性（eine absolute Spontaneität）を「超越論的自由（die transzendentale Freiheit）」（ibid., A446, B474.）と呼ぶ(3)。

自然法則に従う原因性のみでは諸現象の十分な理由を与えることはできず、それを偶然的なものにするということが、「超越論的自由」の求められる理由である。それはまさに偶然的なものに対して根拠を与えようとするものに他ならない。自然法則に従う探究が無限進行になる以上、この自由は現象の系列全体の根底にあるとされねばならない。およそ時間のうちにあるものは先行する原因によって規定され、この原因自身も先行原因の結果である。従って、「超越論的自由」が絶対的第一始元を与えると言う時、この始元は時間的に最初のものであると考えるわけにはいかない。それは、現象をまったく他によらず自ら始めるという意味での原因性に関する（der Kausalität nach）ものである。いわば、超時間的なものが時間のうちに現象の系列を生じるわけである。このことは、現象の系列のどの時点においても、すなわち世界経過の只中において超越論的自由が作用する可能性を含んでいる（ibid., A450, B478.）。

このような想定によって人間の行為の自由、「実践的自由（die praktische Freiheit）」が保証される(4)。すなわち、私は必然的な規定力を持った自然原因の影響を被ることなしに、行為することができる。決断と行為は単なる自然的作用の継起のうちにはなく、それの単なる継続でもない。自然原因の規定力はここでは完全に停止している。とはいえ、時間に沿って見れば、この出来事は先行の系列の継続と見なされる。そこでは、自然法則に従う原因性によって行為が捉えられる。このことは、自由と必然性という両観点が同一の行為についてともに成り立ちうるということを主張することである。行為は様々な条件のもとに可能である。条件は互いに制約しあい一つの体系をなす。そのかぎり、一つの整合的な記述が可能であり、それが成立しなければならない。だが、決意がなければその行為は生起しない。そして、決意に関して原因を問うことはできないというのが「定立」の主張するところである。

とはいえ、決意のみでは行為は成立しえないのであるから、行為は条件が満たされてのみ可能である。決意は条件によって現実的となる。そのかぎり、行為は条件の系列とともに語られねばならない。従って、自由は条件と条件づけられたものの系列である現象の系列を必ずしも攪乱するわけではないということになる。

ともあれ、自由という観点が成立するためには、現象界に対して現象を超えたものが想定できなければならない。物自体の思惟可能性がそれを保証する。「定立」がかかる想定を含むとすれば、「反立」は、超越論的自由は因果律に対立すると主張する。それればかりでなく、それは経験の統一を不可能にする。従って、それは経験のうちには見いだされず、空虚な思惟とされねばならない。自然法則からの自由（独立性）は強制からの解放ではあるが、またすべての規則の導きからの解放でもある。自然のうちでは、出来事の連関と秩序こそが求められなければならない。自然と超越論的自由の対立は合法則性（Gesetzmäßigkeit）と無法則性（Gesetzlosigkeit）の対立に等しい。そして、前者は経験の汎通的合法則的統一ないし汎通的に連関する経験を可能にするのである（ibid., A447, B475.）。

自然法則に従うということは、数学的にも力学的にも第一始元を求めることはできないということを意味する。だが、世界の変化を開始するために自由という超越論的能力を認めるとすれば、この能力は少なくとも世界の外にあるとしなければならない。世界の内部では諸実体にそのような能力を帰することは許されない。そのようなことを認めるならば、普遍的法則に従い、互いに必然的に規定しあう諸現象の連関は失われる。自然の諸法則は自由の影響によって絶えず変化させられ、規則に従い斉一的に（regelmäßig und gleichförmig）営まれる現象の動きは混乱させられ、連関を欠くものとされる（ibid., A451, B479.）。

「定立」は、自然現象の十分な根拠、第一原因に関心を寄せ、「反立」は、第一原因の探究を放棄し、むしろ自然の合法則性、規則性を守ることに関心を持つ。後者の観点からすれば、自由は無法則性と同義であり、自然の合法則性を混乱させるのみである。これに対して、「定立」の立場から見ると、自然法則のみでは現象の連関は完結されず、むしろ現象の全体は偶然的なものとなる。「定立」と「反立」の対立は、自由が自然現象に確たる根拠を与えるものであるか、或いは偶然と混乱をもたらすものであるかという点にある。そして、後者の危惧が除去され、同一の現象をめぐって自由と自然法則がともに成立しうるということが示されるならば、二律背反は解決されるわけである。

感性界における自然法則の権利は確たるものとして認められている。従って、問いは、それと並んで自由が成立しうるか否かという形で立てられる。「自然に従って規定されている同一の結果に対して、自由もまた生じうるのか否か、或いは自由はあの損なうことのできない規則によって完全に排除されるのか否か」（ibid., A536, B564.）が問われるのである。そして、現象を物自体と見るならば、自由の存立する余地はない。これに対して、現象を「経験的法則に従って連関する単なる表象」と見るならば、それはなお「現象でない根拠を持たなければならない」(ibid., A537, B565.)。現象と現象の間のいわば水平的な因果関係に対して、この系列を支える根拠が求められるのであり、それと諸現象との垂直的な因果関係が想定されるわけである。

カントはかかる根拠を「可想的原因(intelligible Ursache)」と呼ぶ(5)。それは現象の系列の外に(außer der Reihe)あるものと考えられなければならない。だが、それは現象界に結果を生じ、「その結果は経験的諸条件の系列のうちに(in der Reihe der empirischen Bedingungen)」見いだされなければならない(ibid., A537, B565.)。従って、結果は、可想的原因に関しては自由であるが、現象に関しては自然必然性に従って諸現象から生じたものと見なされうることとなる。かくして、自由は自然界の因果律と自然法則を損なうことなく存立しうると考えられるわけである。

自由と必然性はこのようにして対立を免れ、共存可能なものとなる。そのことによって、他からの影響を被ることなく「一つの状態をひとりでに始めることのできる能力(das Vermögen, einen Zustand von selbst anzufangen)」を想定することができる(ibid., A533, B561.)。「その原因性は自然法則に従ってまたもや他の原因に従属することはないのである」(ibid.)。超越論的自由と呼ばれるこの自由は宇宙の成立に関する概念であり、宇宙論的意味の自由である。そして、「自由のもつ超越論的理念に基づいてその実践的概念が成り立つのである」(ibid.)。

実践的自由をカントは「感性の衝動による強制から決意性が独立していること(die Unabhängigkeit der Willkür von der Nötigung durch Antriebe der Sinnlicheit)」(ibid., A534, B562.)と規定する。そ

れはより積極的には「感性の衝動による強制から独立に自己を自ら規定する能力（ein Vermögen, sich unabhängig von der Nötigung durch sinnliche Antriebe, von selbst zu bestimmen）」（ibid.）と称される。『実践理性批判』(6)において、カントは自由の消極的意味と積極的意味を区別する。前者は、道徳法則の実質である欲求された客体からの独立性（Unabhängigkeit）のことであり、後者は、純粋実践理性が自ら立法すること（die eigene Gesetzgebung）、単なる普遍的立法形式によって決意性を規定すること（Bestimmung der Willkür durch die bloße allgemeine gesetzgebende Form）（K. d. p. V., §8, S. 58.）である。いずれも感性的衝動との対立において捉えられていることが特徴的である。

それは理性と感性的自然との対立に基づいている。自由とはこの対立の中で感性的自然との否定的緊張関係として成立する。だが、そうである以上、前節で見たような自由と必然性の共存を保証することは容易ではない。むしろ自由の行使は常に困難を伴う。霊魂の不滅、神の存在を要請することなしには実践的目的を達成することはできない。

不死の要請は、道徳法則と格率の合致すなわち神聖性に達することはできないということに基づく。行為の不完全性を補うために、完成のための無限の努力が求められ、それを保持するべく、霊魂の不滅が要請されるわけである。だが、それだけでは、努力の無限進行が保証されるのみで、行為の完成が保証されているとは言えない。完成とは、道徳法則の充足であると同時に、その成果が感覚的与件として与えられること、すなわち幸福であることを含む。この最高善を保証するためには、理性と自然をともに支配する神が存在しなくてはならない。それへの信仰によって人は道徳に希望を抱くことができるのである。

道徳的実践はこれら二つの要請＝信仰を必要とする。もとより、自由もまた直接意識することはできないとされている（K. d. p. V., S. 53.）。人が直接意識するものは道徳法則であり、それが如何なる感性的条件によっても凌駕されないものとして、かかる条件からまったく独立した規定根拠として示されることによって、自由が意識されるのである。自由は道徳法則を認識根拠とし、道徳法則は自由を存在根拠とする。そして、自由の概念を前提とし、不死と神を要請し信仰するという形で実践的信仰が成立する。道徳はかかる信仰のうちでこそ成り立つのである。

この信仰においては、道徳法則は神に命じられたものとして確信され、威嚇と恩寵の観念によって促進される。世界は善意にして全知、全能であり、遍在しかつ永遠なる神によって支配されている。自然界もまたかかる神の支配下にあって調和統一を保っているという想定が可能となる。自然の美しさと合目的性は道徳心を涵養し、また徳のある行為を好んで受け入れると見なされる。それによって、人間の活動も統一と調和を回復するように見える。理論的活動は実践的活動の優位のもとに統一される。それは、現象と物自体の区別に基づいて自由と必然性を共存させるにとどまらない。「実践理性の優位（Primat der praktischen Vernunft）」（ibid., S. 215.）のもとに、一方が他方を領導するのである。

但し、こうした神的意志を自然の規定的要因とし説明原理として用いるわけにはいかない。神の理念を構成的原理（das konstitutive Prinzip）とするのではなく、統制的原理（das regulative Prinzip）としてのみ用いることが許される（K. d. r. V., A620, B648.）。それは自然現象の因果連関を探究しながら、あたかも神意に基づいて自然が成立しているかのように見なしつつ、諸現象の統一を発見することを命じるのである(7)。

それは、悟性の有する一般的原則の下には包摂しきれない特殊な現象についての研究を促進し、一見偶然的かつ無関連と見えるものがなお関連を持つかのように想定することによって、それの解明を要求する。とはいえ、探究の実質を司るものは因果律であり、説明の方式は機械論的である(8)。少なくとも機械論を放棄することは許されない。機械論的必然的自然観は不動の権利を保っている。従って、実践理性の優位が説かれ神的意志の支配が認められたかのようでありながら、それは機械論的な世界記述によって浸食されることになり、自由の行使はなお対立に遭遇する。

二　道徳神学の成立

ともあれ、一旦神信仰が成立するならば、人間のみならず自然もまた神の意志の下にあると思念される。自然は神的意志によって合目的的に組織されていると考えられる（KU., S. 337.）。神の理念が統制的機能しか認められないにせよ、そのもとで一定の体系的統一を考えようとすれば、自然の目的論的見方とは何か、それは機械論とどう異なり、また調停されうるのかが問われなければならない。

カントは『判断力批判』において言う。「もし或る物がみずから原因でありまた結果であるならば、そのものは自然目的として実在する」（KU., S. 286.）。原因と同じものが結果において発現する。結果は可能的に原因のうちで先取りされており、それが現実化されたものが結果である。そして、結果は再び原因となって同一のものを産出する。生物における類の自己産出としての生殖、個体の自己産出としての成長、また部分の自己産出と諸部分の相互依存の中にその特徴は見いだされる（ibid., S. 287fff.）。作用原因（die wirkende Ursache）による結合（nexus effectivus）においては、原因から結果への下降的系列のみが認められ、結果がまた原因の原因であるということはありえない。これに対して、後者の場合は、結果において現れているものは自己を産出する原因だったのであり、目的と称される。それは目的因（Endursache）による結合（nexus finalis）とも名づけられる。これらは実在的原因による結合、観念的原因による結合としても区別される。

或る物が自然目的であるための要件は、第一に、部分は全体に関係することによってのみ可能になるということである。この物は目的であり、或る種の概念または理念によって統一されているからである。第二に、すべての部分が互いにそれぞれの形式の原因にもなり結果にもなるというように結合して統一された全体を形成するのでなければならない。どの部分も他の一切の部分によってのみ存在すると同時に、また他の一切の部分および全体のために実在する。それは、すべての部分がそれぞれ道具であるということである。この意味において、このものは「組織された、また自己を有機的に組織する存在（organisiertes und sich selbst organisierendes Wesen）」（ibid., S. 292.）と称される。また「そこでは一切のものが目的であると同時にまた相互に手段である」（ibid., S. 295f.）と言われる。

だが、常識的には、このような有機的存在は自然物の極く一部をなしているにすぎない。しかし、カントは目的の概念を自然的所産全体に及ぼす（ibid., S. 297.）。そして、それは「世界における一切のものは何らかの目的に役立つ。世界には何ひとつ無駄なものはない」という命題を与える（ibid., S. 301.）。自然目的の概念は「自然の諸目的からなる体系の理念」を想定する権利を与える（ibid., S. 303.）。目的原因の理念は、その根拠に関して言えば、感性界を超出させるのであり、超感性的原理を示唆する。そうである以上、この原理による統一は、或る特殊な自然的存在者にだけ妥当するのではなく、体系としての自然全体にも等しく妥当するわけである（ibid., S. 304.）。

このことは、自然の根底に特殊な知性を想定するよう促す。カントは言う。「自然目的としての物の概念は、自然を或る種の原因性すなわち理性によってのみ考えられるような原因性のもとに包摂する概念に他ならない」（ibid., S. 330.）。自然目的は、自然における所産の概念として、自然必然性を含むと同時に、それによって説明しきれずそれを超えたものを含んでいるからである。このものは普遍的な自然法則から見れば、偶然的なものとして捉えられる。従って、自然目的は世界全体の偶然性を最もよく証明するものに他ならない。そして、それがまた「世界の外に実在していてしかも（あの合目的的な形式のために）知性的であるような存在者に依存しており、この存在者が世界全体の根源であることの唯一の証明根拠でもある」（ibid., S. 335.）。

カントはこの証明根拠が常識にも哲学者にも通用することを認める。そして、ここに自然神学への通路を見る。もとより、このことは、自然における合目的性を説明するために自然科学の組織の中に神の概念を持ち込み、逆に神の存在を証明するためにこの合目的性を使用するといった循環を犯すことを許すものではない（ibid., S. 305.）。神の理念は統制的原理としてのみ用いられねばならない。しかし、カントは、世人が自然目的を神的目的と混同したり、そのことが敬虔な心には一層適切だと考えることを拒まない（ibid., S. 306.）。それは実践理性の関心に通じており（ibid., S. 295.）、道徳神学への予備学ないし橋渡しと見なされる（ibid., S. 309.）。従って、多くの自然物の内的可能性を認識する場合にこの認識の根底に合目的性を置き、そして、かかる合目的性を思い見また説明するために、それと世界一般とを或る知性的原因（神）の所産と考える（ibid., S. 337.）ならば、理性の思弁的関心と実践的関心は完全に満足されることになる。

かくして、自然神学（Physikotheologie）が成立する。それは、「理性が自然の目的から（これらの目的は経験的にしか認識されない）自然の最高原因とこの原因の特性を推論しようとする企て」に他ならない。だが、そうした神的創造者としての原因は、構成的原理ではなく、機械論的な探究をより一層促進するための形式的機能的な概念にすぎない。それは、自然における物とその根源に関して説明を与えるものではない。自然神学は限界を有する。それは、「自然神学は、たとえどれだけ発展を遂げるにせよ、創造の究極目的について何一つわれわれに開示しない」（ibid., S. 401.）という点にも現れる。「それは究極目的を問う段階にまで達していないからである」（ibid.）。自然的目的論から神学への移行についても問題がなくはない。それは「自然そのものは一体何のために実在するのか」（ibid., S. 402.）という問いに答えることができず、自然の究極目的を示すことはできないからである。「このような究極目的がなければ自然の一切の目的に共通な関係点を求めることはできず、自然を目的論的に反省するわれわれの判断力にとって基準の用をなしうる概念を与えるに十分な目的論的原理を設定することはできない」ことになる（ibid., S. 407.）。

では、究極目的を教えるものは何か。「究極目的とは、自分自身を可能ならしめる条件として、自分以外の目的を必要としない目的のことである」（ibid., S. 396.）。そうしたものを自然の中に求めることは不可能である。われわれの外にある自然（物質的自然）であれ、われわれの内にある自然（思惟する自然）であれ、自然には条件つきのものしか存しないからである。だが、そうした自然に対して人間は特権的な位置を占める。人間は目的論的原因性を有するような唯一の種類の存在者である。人間の原因性は目的に向けられている。人間が自分自身に対して目的を規定する場合、従うべき法則がある。だが、それは無条件なものであり、自然的条件にはまったく関わりを有しない。それにもかかわらず、それ自体必然的である（ibid., S. 398.）。人間のうちにこそ、超越論的能力（自由）とその原因性の法則ならびに人間が最高の目的として自分自身に対して設定する対象としての世界における最高点が認められるのである。

道徳的存在者たるかぎりの人間については、人間は何のために（quem in finem）実在するのかと問うことはできない。人間の存在は最高目的（善意志）を含んでおり、人間は力の限り全自然をこの最高目的に従わせなければならない。人間が存在しなければ、より高い目的を目指す目的の系列は決して完結されえない。「人間においてのみ、しかも道徳性の主体としての人間においてのみ、目的に関する無条件な立法が見いだされうる。そして、かかる立法こそ人間をして究極目的――換言すれば、全自然が目的論的にそれに従属しうるような目的となしうるのである」(ibid., S. 398f.)。

そして、かかる人間に基づいて道徳神学(Moraltheologie)が成立する。それは、「自然における理性的存在者の道徳的目的から自然の最高原因とこの原因の特性とを推論しようとする企て」である(ibid., S. 400.)。世界における或る種の存在者の目的が道徳的に規定されているという理由に基づいて、世界を神としての最高原因に関係させるのである(ibid., S. 414f.)。「最高存在者の理念は、もともと理性の理論的使用とはまったく異なる理性使用(理性の実践的使用)に基づくのであって、ア・プリオリにわれわれのうちに存し、われわれの存在の根底をなしている」(ibid., S. 404.)。そして、この理念によってこそ自然目的論の不完全な概念は補完される(ibid.)。自然における目的の本源的根拠から神の概念に至るまでである。

すなわち、道徳的存在者としての人間を創造の究極目的とすることによって、世界を目的に従って連関する全体と見なし究極原因の体系とする根拠または主要条件が獲得される(ibid., S. 413.)。それによって、「自然に普遍的法則を与える立法的な知性的存在者」であるとともに「道徳的な目的の国における立法的元首」が考えられるに至る(ibid., f.)。それは全知、全能にして大慈、公正かつ永遠、遍在等の特性を有すると見なされる。そして、かかる道徳的目的論(die moralische Teleologie)が自然的目的論の欠陥を補い、初めて神学を確立するのである。

それは、自然に向かってはその目的に注意を向けさせ、多様な自然の形式の背後に隠されている限りなく偉大な技術の考究に向かわせ、実践理性の提供する理念を自然の目的において実証しようとす

る (ibid., S. 415.)。そして、また「自然的目的の認識が道徳的目的の認識と結びつくならば、自然的目的は、純粋理性の格率、すなわち原理の統一をできるかぎり求めることをわれわれに要求する格率によって、世界創造者の理念の実践的実在性のために力を提供することになる」(ibid., S. 435.)。こうして、自然と道徳の両面に君臨する神の概念が得られ、神の支配下に置かれた世界という全体的構造が成立するのである。

三　神の秩序

道徳神学において、神は人間と自然に君臨する。神の支配下で世界は目的論的秩序を保持する。人間は創造の究極目的として、神を仰ぎつつ自然界に意義と価値を付与し、道徳的目的のために秩序づける。神の意志を示唆する自然の目的論的構造は道徳的心情を鼓舞し邁進させる。逆に、人間は、自然の目的論的観照を通して、道徳的意志を強化する。こうして、カントの哲学は実践、理論両面に亘って統一的な完結体を作り出すことになる。だが、こうした神を頂点とする秩序には亀裂がある。目的論の核をなす神的創造者は決して構成的原理ではなく、反省的判断力に対する統制的原理にすぎない。判断力が世界における物を判定するにあたって、これを指導するという機能を有するだけである (ibid., S. 365.)。

そうした目的論的原理に対して、カントは機械論的原理の不可欠性を強調する。「理性にとって最も重要なことは、自然の産出における機械的機制を放棄しないこと、またこの産出を説明するに当たって自然のかかる機械的機制を無視しないことである。このような機械的機制なしでは、物の本性に対する洞察を獲得できないからである」(ibid., S. 354.)(9)。目的論的原理の越権は厳しく戒められる。「およそ自然の技巧、すなわち自然の産出能力が形態の合目的性をわれわれの単なる覚知作用に対して自体的に示す(規則的な物体におけるように)からといって、かかる産出能力を直ちに目的論的であると断定しようとしてはならない」(ibid., S. 356.)。

もとより、目的論が要求されるのは、機械論が限界を有するからである。「人間の悟性の性質に従えば、自然における有機的存在者の可能性に関しては、意図をもって作用する原因しか想定されない。そして、自然の単なる機械的機制はいかなる有機的産物をも決して十分に説明しうるものではない」(ibid., S, 360.)。或いは、「自然の機械的機制の内部に達するわれわれの洞察は制限されており」、特殊な自然法則の発見のためにも、「意図をもって作用する原因」を想定する意味があるというにすぎない。一見連関がないと見えるところに目的論的関係を想定することによって、細部に及ぶ機械論的関係への洞察が進められることになる(ibid., S. 334.)。

このように言えば、目的論は機械論を促進するためにあると言うこともできよう。機械論の限界を語るにしても、それの権利は保証されており、それは少なくとも目的論的原理と両立しうるものとしてある。「合目的的な自然的産物を機械論的に手ほどきしようとする原理は目的論的原理と両立することができる」(ibid., S. 353.)。もとより目的論は機械論とは別の原因性の思想を持ち、後者によって置き換えられない独自性を有する。それは人間理性の限界に由来する。「自然の単なる機械的機制はいかなる有機的産物をも決して十分に説明しうるものではない」(ibid., S. 360.)。目的論的構造を理解するために人間理性は「自然の超感性的基体(das übersinnliche Substrat der Natur)」を想定し、そこに根拠と原因性を求めるわけである。両原理の独自性、固有性という点から見れば、「一方の産出方法をもって他方の産出方法に、全面的もしくは部分的に代置する」ことはできない(ibid.)。

代置が不可能だとすれば、一方が他方に従属するという関係だけがある。「自然の機械的機制だけでは有機的存在者の可能性を考えるには不十分であり、かかる機械的機制は(少なくともわれわれの認識能力に従えば)意図をもって作用する原因に根源的に従属せしめられねばならない。しかしまたこれとまったく同様に、有機的存在者の目的論的根拠だけでは、かかる存在者を同時に自然の産物として考察し判定するのに十分でない。もし、自然の機械的機制が意図をもって作用する原因のいわば道具として件の目的論的根拠に配せられなければである」(ibid., S. 374.)。こうした従属関係が可能なのは、二つの原理がともに超感性的基体に根拠を有し、そこに根ざしていることによってである。機械的機制、目的による結合のいずれの原理でもない超感性的基体にこそ「これら二通りの原理のかかる合一を可能ならしめる根拠」が存するのである(ibid., S. 362.)。

だが、このことによって目的論的原理の完璧な優越ないし支配を主張することができるであろうか。従属するとされるにせよ、「手段が従う作用法則は、それだけでは目的を前提するものをまったく必要としない」(ibid., S. 361.)。それもまた目的論に対して固有性と独自性を有している。そして、目的論的説明との関連は必ずしも明瞭ではない。「自然は一貫して、普遍的に合致する二通りの法則（自然法則と目的因の法則）に従って可能であると想定して差し支えない。とはいえ、このことがどのような仕方で行われるかはわれわれにはまったく洞察できない」（ibid., S. 362.）。「まったく種類を異にするこれら二通りの原因性の合一（……）の可能性は、われわれの理性によっては理解されない。このような一致の可能性は、実に自然の超感性的基体にのみ存する。しかし、かかる基体に関してわれわれが肯定的に規定できるのは、超感性的基体は存在者自体であり、これについてはその現れであるところの現象しか知らない、ということだけである」（ibid., S. 374.）。

そうであるとすれば、目的論的な期待に反して機械的運行が独走する恐れもまたあることになる。「経験は決して体系としての全自然を包括しうるものではない。それだから、しばしばかかる知性的原因の概念に（一見したところ）矛盾するばかりでなく、また互いに矛盾するような証明根拠に出会わざるをえない」（ibid., S. 403.）。自然は「有機的組織の明白な根拠どころか、天然のままの物質の純然たる機械的機制から生じる結果だけしか示さない」ようにも見える。「こうした事情があるとすれば、まったく偶然的に合目的的であるような若干の形式や関係が目的に従って変化したところで、知性的創造者の存在を推及する根拠は皆無であるように思われる。こういう場合には、自然的目的論を生ぜしめる動機はいささかも存在しないであろう」（ibid., S. 473.）とカントは述べる。

機械的物質的自然に対して最終的に目的の観念と合目的的秩序の思想を与えるものは、前節で見たとおり、道徳的存在者としての人間である。理性的存在者としての自由な人間が、自然から独立した立場から、自然概念の指導を何ら受けずに自然に方向性を与えるのである。だが、それは内的合目的性の観点を外れた「外的合目的性」(10)の見地ではないか。そうだとすれば、カントの目的論の構想はここにも亀裂を見せることになる。理性と自然の対立が根強く残存していると言わねばならない。

人間は創造の究極目的であるとされる。そのかぎり、人間は自然の頂点に立つ。だが、それは、人間が道徳的主体として見られたかぎりにおいてのことである。人間の全体像はどうであるか。とりわけ、「人間のうちなる自然（die innerliche Natur）」はいかなるものであるか。カントは次のように洞察する。それは、「所有し享楽することによってどこかで納得し、満たされるようなものではない」(ibid., S. 389.)。「人間のうちにある自然的素質に特有な矛盾は、人間を彼自身の編み出した災禍に陥れる。そして、彼と同じ人類に属する他の人達を、支配の重圧や戦争の残虐等々によって甚だしい苦境に追込み、こうして自分自身の『類』をみずから破滅させるために営々としている有様である。それだからわれわれの外には極めて仁慈な自然があり、また自然の目的はわれわれ人類の幸福を主旨とするものであるとしても、この目的は地上の世界における自然の体系においてはついに達成さるべくもないであろう。われわれのうちにある自然はかかる仁慈な自然をうけつけないからである」(ibid., S. 389f.)。

このような人間は「自然と自分自身の間にある種の目的関係」すなわち「自然にかかわりなくそれ自身だけで事足り、従ってまた究極的たりうるような関係」を設定することができ、その意志を持ちはしても、かかる究極目的を自然に求めるわけにはいかないことになる。ここにおいても、理性と自然、自由と必然性の対立が克服されないままに残存しているのである。そうである以上、人間を機械論的に捉える視点と自由な主体として捉える視点は和解されないままであることになる。

カントは「可想的性格（der intelligible Charakter）」、「経験的性格（der empirische Charakter）」という概念によってこの対立を調停しようとする（K. d. r. V., A539, B567.）。「性格」とは、およそ結果を生ずる原因が備えている特徴のことであり、一つの原因が原因であるために有していなければならない「原因性の法則」のことである。一定の法則なしに原因は作用しないのである。可想的性格、経験的性格という両概念は、同一の結果に関して二つの原因が考えられていることを示す。それは現象と物自体の区別によって可能となる。現象界に原因を求めるとともに、可想界に可想的原因を想定することができるのである。

こうした体制を認めるならば、人間の行為にも二つの原因を想定することができる。現象界において見れば、人間の行為は恒常的な自然法則に従って他の現象と連関しそこから導出されうる。従って、自然秩序の唯一の系列の項となる。そして、問題の行為が諸々の条件から生ずる過程が一般的な因果連関として捉えられる時に、経験的性格の概念が獲得されるのである。それによれば、人間の一切の行為は自然法則に従って先行の条件から説明される（ibid., A540, B568.）。それは、人間の行為を機械論的に見ることに等しい。

だが、こうした機械論的連関を超えた原因を想定する際には、行為主体はいかなる時間的条件の下にも立たず、自由である。また、そうした主体の原因性の性格、可想的性格も感性の条件のもとにはなく、それ自身は現象ではない。もとより、可想的なものは感官の対象について考えられうるというだけであって、直接認識（erkennen）されるわけではない。それは経験的性格に即して思惟される（dem empirischen Chrakter gemäß gedacht werden）のみである（ibid., A540, B568.）。それの規定は積極的には与えられていない。とはいえ、それによって、人間は与えられた環境的条件によって規定されるだけでなく、少なくともこの規定力に対して何らかの態度を取る自由を保持していることが認められる。自由と必然性が共存しうることが保証されるのである。

だが、このような主張は自由と自然（必然性）が両立可能であることを言うにすぎない。しかも、可想的原因としての自由は経験的性格に即して考えられうるというだけであって、認識関係においては却って後者に従属的である。可想的性格が経験的性格を規定するという構造が示されなければ、人間を自然の主人となし支配者とすることは困難である。総じて、カントの論証は、自由は自然必然性に同一の行為において対立することはなく、両者は互いに独立であり、妨げ合うことなく（voneinander unabhängig und durcheinander ungestört）生じうるということを論証するにとどまっている（ibid., A557, B585.）。

なるほど、「可想的性格」は「経験的性格」をそれの「感性的記号（das sinnliche Zeichen）」（ibid., S.546, B574.）、「感性的図式（das sinnliche Schema）」（ibid., A553, B581.）となし、経験的性格を与える（ibid., A556f., B584f.）とすら語られる。「出来事の継時的系列の条件そのものは経験的に無制約でありうる」（ibid., A552, B580.）とされ、現象の系列全体が理性の統制下に置かれているという体制が示唆されもする。だが、既述のごとく、可想的性格はそれ自体として知られるわけではない。それは経験的性格に即して思惟されるのみであるから、そこには説明されるべきものを前提とする循環がある。そして、経験的性格は人間を観察する（beobachten）ことを通して洞察され、人間を客体として説明する際に用いられるのに対し、可想的性格は自由や当為の意識とともに実践的見地において自覚されるものだとすれば、両者はむしろ異なった次元にあると言わねばならない。

却って、カントが挙げる事例は、可想的性格と経験的性格の一致というよりは、それらの背反を示している。一人の人間の悪意ある行為に対し、人はその理由を尋ね、それを様々な原因から必然的に生じたものであることを説明する。その際、人は当の人間の経験的性格を調査し、またそれに従って当の行為が自然必然的に生じたということを説明しようとしているのである。だが、それにもかかわらず、人は右の行為の諸要因、諸事情をまったく度外視し、当人が如何なる性質を持っているかを無視し、過去における諸条件の系列を起こらなかったものとし、行為そのものは以前の状態との関連ではまったく無制約に行われたと見なすことができる。そして、一連の行為の結果をまったく自分で(von selbst) 始めたかのように見るのである。一切の経験的諸条件にかかわらず、当人が行為を別様に規定することができまたそうすべき (anders bestimmen können und sollen) であったということに基づいて非難が加えられる。当人は理性を備えており、理性が行為の原因であるならば、当人は経験的諸条件と経験的性格に束縛されない自由と選択の幅を有しているはずである。その選択を誤ったことが非難の理由に他ならない。

このことは、理性ならびにそれに基づく可想的性格が経験的性格とはまったく無関係に働くということ、或いは後者に反して働くということを含んでいる。逆に言えば、感性的動機（die sinnlichen Triebfedern）は理性の原因性に対して反抗的（dawider）であることもありうるということである。理性と感性は決して宥和的和解的に統一されているわけではない。両者は依然対立したままであることが確認されるのみである。

カントの意図は、神を人間と自然の双方に君臨させ、人間を創造の究極目的となし、人間の道徳性に世界の価値と存在意義の源泉を見いだし、その支配の下に目的論的秩序を構想せんとするにあった。だが、それは右に見るところによって、人間そのものの内部構造において破綻していると言わねばならない。カント哲学の二元的体制は依然として克服されないままでいることになる。

四　カント哲学の弁証法

人間は創造の究極目的であり、自然の頂点に立ち、道徳的使命に基づいて自然を秩序づける義務を負うにかかわらず、自然の実効的支配を成し遂げることはできない。理性と自然の対立が媒介なしに存しているからである。これに対して、ヘーゲルは目的とその実現の場である自然の間に手段（Mittel）を置く。それは客体を支配するのに今一つの客体を当てることである(11)。そこには手段を媒辞とする推理的結合がある。その構造によってカントの難問は打破されるのか。それを問うことはカントの限界を超えようとするドイツ観念論の成否を問うことに通じる。

目的の実現を図る主体が自己と素材の間に手段を置くということは、自ら客体と関係し消耗するのではなく、手段としての客体を消耗させ、自分は退いて機械的な暴力から自己を守り保存するということである。自らは手を下すことなく、客体同士を衝突させ、その成行きを見通しつつ自己の目指すことを獲得しようとするのである。それは、ヘーゲルの言う「理性の狡知（die List der Vernunft）」（W. d. L., II, S. 166.）(12)に他ならない。だが、ここにはなお主体と客体の対立と外面性がある。しかも、それによって獲得される享受は一過的で手段の持続性にも及ばない。狡知によって達成されるような目的は有限な目的であると言わねばならない。「理性の狡知」の思想は有限性の次元において成立するのである。

外面性を指摘するとすれば、目的活動の産物において目的の内容と客体の内容は互いに外面的である。また、目的活動と手段はなお互いに外面的である。更に、目的の主観性について言えば、形式と内容は互いに外面的である。形式は概念の全体としての無限性に他ならないが、内容は制約されている。外面性が存するかぎり、客体は機械論的過程のうちにあり、そこで消耗しなければならない。目的が外的目的でしかない以上、それによって規定される客体はすべて目的の手段であり、目的の客観性として示されるべきものも変易的（vergänglich）である。それが目的を充たすのは、自己保存的な静的存在としてではなく、消耗することによってである。そして、消耗するということは、外面性が止揚されることであると解される。それは機械論の止揚とも解され、概念の統一と一致することであるとすら解される。ともあれ、この一致は手段の消耗という否定による一致に他ならない。前提されている外面性の故である（ibid., S. 169.）。

有限な目的においては、それと形式との間に齟齬がある。形式は概念の無限な自己規定としてある(13)と言えるが、目的の有限性はそれと合致しない。よって、それは非真理とならざるをえない。そして、それは必然性の領域に取り込まれ、生成と変化に曝されるのである。合目的性を言うにしても、そこにあるものは外的合目的性（die äußere Zweckmäßigkeit）にすぎない（ibid.）。

だが、ヘーゲルはこの外的合目的性の限界を突破しようとする。目的は外的目的として機械的過程の外部にあるだけでなく、むしろその内で自己を保持し、それの規定をなすと見なすのである。一体、ヘーゲルにおいては、目的論は機械論ならびに化学論の真理である（ibid., S. 159.）(14)。従って、目的は客体と客体的過程に対して自由であるだけでなく、むしろ機械論の内で自己自身と合致する。客体に対して目的が及ぼす力とはこの同一性のことを言うものに他ならず、その働きはこの同一性が顕現することである。目的論的過程とは、概念として客体から区別されて存在する概念を客観性に移すことである。だが、それは概念が自己自身を通して自己自身と合致することに他ならない。この見地に立てば、目的の持つ外面性はそれ自身概念の契機である。目的は外面性を自分自身の契機とする。かくて、目的論的関係においては、他者として語られるものがあっても、もはや他者ではなく、単純な概念と同一なものとして措定されている。

そもそも、主観的目的が主観的目的として、外的合目的性が外的合目的性として知られる時には、それの有限性が知られるだけでなく、それを否定的契機として「内的目的関係（die innere Zweckbeziehung)」、「客観的目的（ein objektiver Zweck)」が示唆されている（ibid., S. 169.)。概念の立場に立つならば、客体が手段となることすら、それが自体的には概念の全体性であることによる。客体を手段とすることは特に媒介を必要とはせず、直接的に規定することに他ならないのである（ibid., S. 170.)。

手段によって客体に働きかける場合、客体によって客体を止揚するわけだが、それは客体性そのものの止揚に他ならない。そのことを通じて、逆に主観的目的が客観化される。客体性は止揚されると言っても否定性と同一なものとして回復される。後者は手段の措定に他ならず、前者は概念と同一の客観性を措定することである。それは目的の実現であり、実現された目的に他ならない（ibid.)。だが、ここで主役を演じているのは「概念」である。それは、自己を規定しつつ外化し、分極化しながら自己同一性を保持する（ibid.)。「概念は本質的にそれだけである同一性として自体的にある客観性から区別されており、そのことによって外面性を有するが、しかしこの外面的全体性のうちにありながら、それの自己規定的同一性である」（ibid., S. 172.)。

さて、こういう概念の次元こそはカントの到達しえないところであった。ヘーゲルによれば、カントは外的合目的性の思想に留まる他はなかった。カントは二元的対立を超えるすべを知らなかったのである。これに対して、それをより普遍的な視野において近代固有の問題として捉え超克することがヘーゲルの哲学的課題であった。そして、それを達成するということは、内的合目的性（die innere

Zweckmäßigkeit）の思想を確立するということと一体である。

だが、外的合目的性と内的合目的性の区別を先ず行ったのはカントであった。それにもかかわらず、カントは道徳的目的論においては外的合目的性に後退したのであった。しかし、もし内的合目的性の思想を発展させるならば、ヘーゲルの「概念（Begriff）」の思想に達することはたやすく予見できるであろう。それはカントからヘーゲルに至る道とドイツ観念論とその源泉たるカントとの接点を見いだすことに通じよう。

カントは「目的」の概念を規定し、「ある客体の概念が同時にこの客体の現実性の根拠を含むかぎり、この概念は目的と呼ばれる」（KU., S. XXVIII.）と述べ、「内的目的」に関しては「内的目的の概念は対象の内的可能性の根拠を含む」（ibid., S. 45.）と言う。事物がいかなるものであるべきかの概念が先行し、この概念が多様なものの規則を与え、そして多様がそれに合致する時、事物の質的な完全性が得られる（ibid.）。そして、この「対象の完全性」が「内的合目的性」に他ならない（ibid., S. 44.）。ここにはすでにヘーゲルの「概念」を先取りするものがあると言ってよかろう。

目的は始めに目標として立てられるばかりではない。一つの事物を生み出す働きの全過程がそれによって規制され、作用する能力そのものが概念によって規定されるのである（ibid., S. 284.）。「全体の表象が全体の形式の可能性とそれに相応しい諸部分の結合の根拠を含む」とも述べられる（ibid., S. 349f.）。物質界において、物質を支配し、結合し分離する法則は一般に機械論的化学的法則である。だが、ここでは、結合と形式化の根拠としてなお別の原理が求められているわけである。目的論的原理は物質の内的構成そのものに内在し、それを規定していると見なされることになろう。質料と形相の対立は止揚されているのでなければならない（W. d. L., I, S. 297ff.）(15)。そのようにして初めて「内的目的」と「内的合目的性」は語られ、諸部分が余すところなく目的に寄与するという意味での完全性が得られるわけである。そして、それは人間の比量的で形像を必要とする「模型的知性（intellectus ectypus）」に対して、対象を自ら産出しうるごとき「原型的知性（intellectus archetypus）」の思想に導く。後者の働きは「知的直観（die intellektuelle Anschauung）」に他ならない（KU., S. 352.）。

知的直観、原型的知性の思想は、カントが批判主義の見地から人間には認めなかったものだが、その後の思想に比類のない影響を及ぼした。そして、それが体系期のヘーゲルにおいては「概念」として捉え直されるのである。ヘーゲルにおいても、「概念」は先ず「生」と「有機体」に現れる。「生きたものにとって概念は内在的である。それ故、生きたものの合目的性は内的合目的性として捉えられなければならない。生きたもののうちで、概念は、規定され、その外面性から区別され、そしてそのように区別しつつ外面性を貫いており、自己と同一でありつづける概念なのである。生きたもののこの客観性が有機体である。それは目的の手段であり、道具であって、完全に合目的的である。なぜならば、概念がそれの実体であるからである。だが、まさにそれ故に、この手段と道具それ自身が達成された目的でもある。そこにおいては、主観的目的はそのかぎり直接的に自己自身と結合されている」（W. d. L., II, S. 184.）。かくして、有機体論を通してカントとヘーゲルは深く結びつく(16)。その途上には、「原型的知性」に近づこうとする自我哲学の発展とともに、自然を目的論的観点から「可視的精神（der sichtbare Geist）」として捉えるシェリングの自然哲学がある(17)。カントの有機体論がドイツ観念論の発展に対して最も強い影響を及ぼしたとクローナーの言うことも納得されよう(18)。そして、それはカントのうちに本来あった対立が弁証法的に発現したものであると見ることができるのである。

註

第一章

（1） René Descartes, *Discours de la Méthode*, 1637, OEUVRES DE DESCARTES, VI, Paris, 1982, p. 8. Abk.: Discours. 参照、小場瀬卓三訳『方法序説』、『世界の大思想』7、河出書房、一九六五年。

（2） Immanuel Kant, *Kritik der reinen Vernunft*, 1781, 1787, Vorrede, AIX. Abk.: K. d. r. V. 参照、原佑訳『純粋理性批判』、『カント全集』第四、五、六巻、理想社、一九六六年、篠田英雄訳、同、岩波書店、一九六二年。

（3） John Locke, *An Essay Concerning Human Understanding*, 1690. 参照、大槻春彦訳『人間知性論』、岩波書店、一九七二―七七年。

（4） Vgl. Descartes, *Meditationes de prima philosophia*, 1641, Meditatio II, OEUVRES, VII, 1983. Abk.: Med. 参照、枡田啓三郎訳『省察』、『世界の大思想』7、同上。

（5） カントがニュートンを知ったのは、ケーニクスベルク大学在学中マルティン・クヌッツェン（Martin Knutzen, 1713-1751）を通じてであるとされる。クヌッツェンの講義は哲学全体に亘り、数学と自然科学を含んでいた。ニュートンの『プリンキピア』（一六八七年）が正式には『自然哲学の数学的原理』（*Philosophiae Naturalis Principia Mathematica*）であったように、自然科学は哲学の一部門をなしていた。カントのニュートン研究の成果は一七五五年の『天界の一般自然史と理論、世界の全体系の構造と機械的起源のニュートンの諸原理による考察』（*Allgemeine Naturgeschichte und Theorie des Himmels oder Versuch von der Verfassung und dem mechanischen Ursprunge des ganzen Weltgebäudes nach Newtonischen Grundsätzen abgehandelt*）として現れる。そこでは、機械論的考察がニュートンの宗教的前提を超え目的論を排して貫かれており、批判哲学の課題が萌芽的に示されていると見ることができる。

（6） David Hume, *An Enquiry concerning human*

understanding, London, in: *Enquiries concerning Human Understanding and concerning the principles of morals*, 1777, Oxford, 1990. 参照、渡部俊明訳『人間知性の研究、情念論』、哲書房、一九九〇年。

(7) 出隆訳、アリストテレス『形而上学』、『アリストテレス全集』第十二巻、一九六八年、岩波書店、訳者解説参照。

(8) 『易経』「繫辞伝」に「形而上者謂之道、形而下者謂之器」とある。焦循『易学三書』上、廣文書局、一九七〇年、二〇五ページ。周振甫『周易訳注』、中華書局、一九九一年、二五〇ページ。

(9) クリスチャン・ヴォルフ（1679-1754）は人間の魂のうちに認識能力と欲求能力があることに基づき、哲学を理論哲学（形而上学）と実践哲学に分かち、両者に先行するものとして予備学としての論理学を設けた。そして、形而上学を対象に応じて、宇宙論、心理学（霊魂論）、神学に分かつとともに、存在者一般の理説すなわち存在論を「第一哲学（erste Philosophie）」ないし「根本学（Grundwissenschaft）」としてそれらの前に置いたのである。

(10) ‘a priori’ ‘a posteriori’ はアリストテレスの ‘*πρότερον*’（より先、前）、‘*ὕστερον*’（より後、後）に由来するが、ア・プリオリに先天性、生得性の意味が加わるとプラトンの想起説と結びつくことになる。Aristoteles, *Metaphysics*, Δ, 11. Plato, *Menon*, 81. 参照、アリストテレス、前掲書、第五巻第十一章、藤沢令夫訳、プラトン『メノン』、『プラトン全集』第九巻、岩波書店、一九八〇年、第十五節。

(11) D. Hume, *A treatise of human nature, being an attempt to introduce the experimental method of reasoning into moral subjects*, 1739-40, in: *David Hume, philosophical works*, vol. 1, ed. by Green and Grose, 1964, Darmstadt, p. 380〜394. 大槻春彦訳『人性論』、岩波書店、一九六五年、第一篇第三部第三―六節。

(12) Kant, *Kritik der reinen Vernunft*, B19f.

(13) カントは『純粋理性批判』の劈頭にフランシス・ベーコン（1561 - 1626）の『大改革』（*Instauratio magna*）の序文からの抜粋を掲げている。ベーコンの提言が思考法の革命を誘発してから一世紀半が経つと言う。『新機関』(*Novum organum*)が出版されたのは一六二〇年のことであった。なお、カントはガリレイ(1564-1642)が斜面を用いて物体の落下の精密な測定を行ったこと、トリチェッリ(1608-47)の水銀柱による真空の発見、シュタール(1660-1734)のフロギストン説に基づく金属の灰化と再生の実験を実験的方法の具体例として念頭に置いていた。

(14) コペルニクス的「転換」と言って、「転回」としないのは、惑星の公転との混同を避けるためである。天動説から地動説への理論的転換と類比的に、カントが意図しているのは認識論上のパラダイム・チェインジに他ならない。

第二章

(1) 「いかなるものも原因なしには起こらない」という広い意味の因果性の思想は有史時代に遡って認められるが、アリストテレスは様々な原因の概念を整理し、質料因、形相因、作用因、目的因に分類した。この四原因説は古代・中世を通じて批判や改変を受けて近代を迎える。近代においては、形相因、目的因が後退し、「隠れた性質」を排除しながら、質料因、作用因を自然現象の説明原理として残す傾向が強まった。それは、機械論が目的論を凌駕することを意味していた。こうして、ヒュームが因果律の確実性を問おうとした時、作用因とその結果の関係が問題となったのである。ここに言う因果律とはこの意味のものである。ヒュームは諸現象の因果関係の認識を経験の反復による習慣(custom)の形成とそれに基づく信念(belief)に他ならないとし、それに蓋然性しか認めなかった。そして、それによって科学は確実性を剝奪されたのである。カントはヒュームの懐疑的議論に刺激を受け、批判哲学を開始したわけだが、学の確立という観点から因果律を救済するという課題に直面せねばならなかった。だが、同時にそれの妥当性に限界を付し、作用因の他に目的因の余地を確保することも必要であった。それは、機械論と目的論の対立を調停し、自由の可能性を保証するという課題に通じていたのである。

(2) 「可想的原因」の概念によって、原因性に二種があることになる。現象間に認められる原因性と現象に対する可想的なものの原因性とがである。

(3) 後にカントは次のように語る。根拠とはそれと別のものを規定するものである。それ故、それは帰結とは別のものでなければならない。この相違は、表象様式における論理的な（logisch）相違か客観における実在的な（real）相違かである。実在的根拠には諸客観の直観の形式的（formal）根拠と諸事物の存在の実質的（material）根拠とがある。そして、後者が含むものは原因（Ursache）と呼ばれる。ここで実在根拠と言うのは実質的根拠に相当する。*Brief an Reinhold*, 12. Mai, 1789. 参照、『カント全集』第十七巻、門脇卓爾、磯江景孜訳、一九八六年。

(4) 「超越論的」を本書では次の定義に基づいて理解する。「対象に関する認識ではなく、むしろわれわれが対象を認識する仕方一般——それがア・プリオリに可能であるとされるかぎり——に関する一切の認識を私は超越論的と呼ぶ。それらの概念の体系は超越論哲学と呼ばれることとなろう」(K. d. r. V., B25.)。

(5) カントは「一つの状態を自ら始めることができ、その原因性が自然法則に従って、時間的にそれを規定した別の原因のもとにあることのない能力」を宇宙論的意味の自由（die Freiheit im kosmologischen Verstande）と名づけ、それは純粋に超越論的な理念（eine reine transzendentale Idee）であるとする。それは経験から借りたものを含まず、その対象は経験のうちで明確に与えられるわけではないからである。その意味で、それを「超越論的自由」と呼ぶ。それが宇宙論的意味の自由とされるのは、因果関係の未完結性に対して、「因果結合の法則に従って行為するよう規定する別の原因を先行させることなしに、自ら行為を開始することのできる自発性」が求められるからである。(K. d. r. V., A533, B561.)

これに対して、実践的意味の自由（die Freiheit im praktischen Verstande）をカントは「感性の衝動による強制から意志が独立していること（die Unabhängigkeit der Willkür von der Nötigung durch Antriebe der Sinnlichkeit）」とする。そして、「人間には感性的衝動から独立して自己を自ら規定する能力」が備わっていると見る（ibid., A534, B562.)。『実践理性批判』において、それは消極的自由と積極的自由という二つの観点で捉えられる。前者は「法則の一切の実質（すなわち欲求された客体）からの独立性」を言い、後者は「単なる普遍的な立法形式によって意志を規定すること」ないし「自己立法（die eigene Gesetzgebung)」のことである（K. d. p. V., S. 58f.)。

なお、『宗教論』においてカントは悪への自由、「根源悪」を考察する。それは「反法則的な格率を採用せんとする心術の転倒」と規定されるように、意図して道徳法則に離反することである（Religion., S. 27, 36f.)。

I. Kant, *Kritik der praktischen Vernunft*, 1788, S. 58f., Hamburg, 1963. Abk.: K. d. p. V. 参照、深作守文訳『実践理性批判』、『カント全集』第七巻、一九六五年。波多野精一、宮本和吉訳、同、岩波書店、一九五九年。*Die Religion innerhalb der Grenzen der bloßen Vernunft*, 1793, Hamburg, 1956. Abk.: Religion. 参照、飯島宗享、宇都宮芳明訳『宗教論』、『カント全集』第九巻、一九七四年。

（6） 第三アンティノミー以外のアンティノミーは具体的には次のような対立となる。

第一アンティノミー

定立：世界は時間のうちに始まりを持ち、空間的にも限界のうちに置かれている

反立：世界は始まりも空間における限界も持たず、時間に関しても空間に関しても無限である

(K. d. r V., A426f., B454f.)

第二アンティノミー

定立：世界における合成された実体はどれも単純な部分から成り、どこにも単純なものかそれから合成されているものしか存在しない

反立：世界における合成されたものは単純な部分から成り立っていることはなく、世界のうちには単純なものはどこにも存在しない

(ibid., A434f., B462f.)

第四アンティノミー

定立：世界にはその部分としてか、あるいはその原因としてか、端的に必然的な存在者であるようなものが属している

反立：世界の中であれ、世界の外であれ、端的に必然的な存在者が世界の原因として存在することはそもそもない（ibid., A452f.,

B480f.)

(7) アリストテレスは次のように論じている。「動かされ且つ動かすものは中間位にあるものであるから、動かされないで動かすところの或るものがあり、これは永遠なものであり、実体であり、現実態である」(*Metaphysics*, Λ, 7, 1072a23～26.)。「ところで、もし或るなにものかが動かされるとすれば、その或るものは他でもありうるものである。(……) しかるに、自らは不動でありながら動かす或る者が存在しており、現実態において存在しているから、この或る者は決して他ではありえない。(……) そうだとすれば、この或る者は必然によって存在するものである。(……) そうであるより他ではありえないでただ端的に［単純に］そうあることを『必然的』と言う。(……) このような原理に、それ故、天界と自然とは依存しているのである」(ibid., 1072b5～15.)。

(8) 本章第四節参照。「超越論的対象」は第一版 (A) の「純粋悟性概念の演繹論」において、経験的概念に客観的実在性を与えるものとして想定されるものであり、先ずは理論的概念として登場するが、超越論的自由ならびに実践的自由を想定可能とするものとして考えられて行くことに注意しなければならない。

(9) 可想的性格がここでは「考え方 (Denkungsart)」と言い換えられている。

(10) カントは先の例を次のように展開している。「一人の人間が悪意のある嘘をつき社会に或る混乱を引き起こした。人々はまず、それが生じたもととなる動機の面からそれを調べ、その嘘がその結果とともにどこまで彼のせいにされうるかを判定する。第一の意図のために人々は彼の経験的性格をその源まで辿って行く。それは良くない教育、交際、部分的にはまた恥ずべきことに無感覚な気質の性悪さに求められ、部分的には軽率さや無思慮のせいにされる。その際、人々は虚言を誘発する機会的原因を看過しない。これらすべてのことにおいて、人々は一般に与えられた自然的結果に対して規定する原因の系列を探究する際の仕方と同じように振舞う。そうすることによって、当の行為が規定されたものであることを信じるのである」(K. d. r. V., A554f., B582f.)。

(11) 実践理性とは「行為によって自らの実在性と自分

の持つ諸概念の実在性を証明する」理性のことである。K. d. p. V., Vorrede, S. 3.

(12) 経験的性格がここでは「性向（Sinnesart)」と言い換えられる。

(13) この問題は機械論と目的論の相補性の問題に発展する。第五章第三節参照。

(14) 実践的自由の二義性については本章註(5)を参照。

(15) 超越論的対象が物自体と同一視されえないということはこの引用から明らかであろう。直観されも認識されもしないが、表象が物自体ではないところから、表象に対応するものとして想定される他はないという必然性から導入された超越論的概念なのである。

(16) これは、不可知の超越論的対象Xが表象を通してaとして述定されるという形をとる。Xが想定される過程と述定される構造をカントは次のように例示する。「われわれが一つの三角形を対象として思惟する時、三本の直線が一つの規則に従って合成されることを意識する。この規則とは、それに従ってそのような直線が常に提示されうるようなものである。規則のこの統一が一切の多様なものを規定するのであり、統覚の統一を可能にしているような諸条件に多様なものを制限するのである。この統一の概念こそは対象＝Xについての表象である。そして、われわれはこの対象を三角形という思惟された述語によって思惟するのである」(K. d. r. V., A105.)。多様が統一されるのに応じて対象Xが定立され、Xが主語となり、統一された表象がその述語となるという事情が看取されよう。拙著『近代知の返照』、学陽書房、一九八八年、二二五、二四四ページ註(10)参照。

(17) 超越論的対象の概念は機能的な概念として用いられていることに注意しなければならない。

(18) だが、超越論的対象を本書のように解するかぎり、その思想そのものが消えているわけではないことは、以下の第二版（B）の演繹論から納得されよう。「悟性とは、一般的に言うならば、認識の能力である。認識が成り立つのは、与えられた諸表象が客観に対して規定された関係（die bestimmte Beziehung gegebener Vorstellungen auf ein Objekt）に立つことにおいてである。だが、客観とは、それの概念のうちで与えられた直観の多様が結合されているようなものである。ところが、諸表象を結合するということはすべて、それらを総合するに当たっての意識の統一(Einheit des Bewußtseins) を要求する。それ故、意識の統一のみが対象に対する諸表象の関係 (die Beziehung der Vorstellungen auf einen Gegenstand)、従って諸表象の客観的妥当性 (die objektive Gültigkeit) を成り立たしめるのであり、その結果、諸表象が認識となるようにするのである」(K. d. r. V., B137f.)。客観は直観の多様を結合する概念に対応するものであり、諸表象が関係させられるものに他ならない。そして、それに関係することによって諸表象の客観的妥当性が成立するというのであるから、それは超越論的対象に相当する機能を果たしていると言うことができる。しかも、概念 (Begriff) に対応するとされながら、概念の外ではそれは不可知のXとされる他はないことになる。

(19) 合理的心理学は「私は考える」という統覚の意識における「私」を「思惟する存在者」=心とみなし、それに述語を与えようとするところに成立する。こうして、

1. 心は実体である
2. 心は性質上単純である
3. 心は異なった時間にあっても数的に一つである
4. 心は空間における可能的対象に関係している

という命題を定立するのである。だが、カントによれば、これらを帰結する推理はことごとく誤謬推理(Paralogismus) であり、それを暴くことが「誤謬推理論」の課題となる。カントは「私」の実体化に反対して言う。「この合理的心理学の根底にわれわれが置きうるのは『自我』という単純でそれだけでは内容的に全く空虚な表象である。この表象については、それは概念であると言うことすらできず、すべての概念に伴っている単なる意識であると言いうるにすぎない。かかる自我、彼、思惟するそれ（物）を通して表象されるのは、思想の超越論的主観=Xに他ならない。それは、それの述語をなす思想によってのみ認識され、かかる述語から分離されるならば、われわれはそれについていささかの概念も所有することはできないのである」(K. d. r. V., A345f., B403f.)。

(20) 実践的行為主体と超越論的主観の関係は初期フィ

ヒテが鋭く捉えた問題であった。彼は純粋統覚、断言命法の直接的意識のうちに自我の絶対的自発性の直観を認め、これをカントとは異なった意味においてであるが、知的直観と呼ぶのである。「知性は知性として、或いは純粋知性としてのみ自己自身を直観する。そして、まさにこのような自己直観のうちに知性の本質はある。従って、このような直観は、もし別種の直観があるとすれば、それと区別して知的直観と名づけるのがよい」。J.G. Fichte, *Zweite Einleitung in die Wissenschaftslehre*, 1797, in: *Fichtes Werke*, I, S. 530. *Versuch einer neuen Darstellung der Wissenschaftslehre*, 1797, in: op. cit., S. 472. 参照、岩崎武雄訳『知識学への第一序論』、『世界の名著』43、中央公論社、一九八〇年。木村素衛訳、同、『知識学の新叙述の試み』、『フィヒテ全知識学の基礎』所収、岩波書店、一九四九年。

(21) 「われわれ自身の実存を経験とこの世の生と限界を超えて拡張する」とは、感性から自由な可想的主体の確立を意味すると同時に、霊魂の不滅の要請を意味する。第四章第三節参照。「目的の秩序」については、第五章第三節を参照のこと。

第三章

(1) 心のうちにあるものは、触発の結果としての表象でしかないとすれば、原因としての対象そのものは知られえないことになる。従って、ここに言う対象とは既述の超越論的対象＝Xを意味すると考えられる。超越論的対象は、表象に対応するというだけでなく、表象の原因として想定されるのである。「人は外的諸現象（の原因）を超越論的対象に帰する。超越論的対象がこの種の表象の原因である。しかし、それをわれわれはまったく知らず、それについての概念をいつか手に入れるということもないであろう」（K. d. r. V., A393.）。Vgl. ibid., A380.

(2) 「超越論的論理学」とは「超越論的感性論」に対して、われわれが諸対象をまったくア・プリオリに思惟する純粋な悟性認識、理性認識を主題とする学であり、そのような認識の範囲や客観的妥当性を規定することを課題とする。

(3) 第一章参照。

(4) このように見れば、判断の必然性、普遍性を保証するものは、ア・プリオリであるというだけでなく、ア・プリオリに主観に備わり、ア・プリオリな表象であるという点に求められなければならない。先天的＝必然的、経験的＝偶然的という対応づけは十分とは言えない。

(5) 「超越論的観念論」をデカルト、バークリーの観念論と区別するために、カントは第二版(B)において「観念論論駁」の一節を設けている。それによれば、デカルトの観念論は蓋然的観念論、バークリーのそれは独断的観念論である。前者はわれわれの外にある空間的事物を疑い、証明できないとするだけであり、後者はそれを偽とし不可能とする。カントは独断的観念論は空間を物自体に帰属する性質と見なすことから不可避的に結果するとし、そのように見なすことの不合理さの論証を感性論に委ねる。そして、蓋然的観念論のみが合理的で根本的な哲学的思考様式に叶っていると言う。それは、「私はある」という唯一の経験的主張を疑いえないものとし、われわれの外なる存在を直接的経験によって証明することはできないとするものである。この懐疑を論駁するには、われわれの外なるものについても経験を有することができ、内的経験ですら外的経験を前提してのみ可能であることを論証すればよい。時間のうちなる私の存在の規定は、私のうちにはない持続的なものを前提とし、私の外なるものの存在と結びつかねばならないことから、「私自身の存在の意識は同時に私の外なる他のものの存在の直接的な意識である」というテーゼが確立される。「私はある」の特権性は剝奪され、外的事物の確実性が保証されるわけである。この帰結を経験的実在論と見なすならば、議論は経験的自我と経験的事物の関係をめぐるものとなるから、超越論的観念論と抵触することはない。超越論的観念論は経験的自我と経験的事物を含む経験の領野を基礎づけることによって、経験的実在論と両立しうるのである。K. d. r. V., B274-279.

(6) K. d. r. V., A255, B310. 第四章註(6)(10)(13)参照。

(7) これによれば、時間が空間より根源的である。また、空間を表象するためには、継時的総合が必要である。だが逆に、時間表象に関しては空間において持続するものが求められるわけであるから、両者の間には循環があることになる。

(8) 対象認識と超越論的認識の区別は、直志向 (intentio recta) ないし第一志向 (intentio prima) と曲志向 (intentio obliqua) ないし第二志向 (intentio secunda) の区別に相当すると言える。

(9) こうした反省の機能は、フィヒテやヘーゲルにおいて自己自身を吟味する働きを備えた意識の思想へと発展する。

(10) 概念とは「表象の多様を統一する規則に従って構成する働きの意識(das Bewußtsein der Tätigkeit in Zusammenstellung des Mannigfaltigen der Vorstellung nach einer Regel der Einheit derselben)」(Anthr., 1. T., §7., B31.)、「様々な表象の意識の統一 (die Einheit des Bewußtseins verschiedener Vorstellungen)」(Str. d. Fak. 3 Abs., Beschluß, A, B113, C438.) である。それは悟性の働きであり、産物である。悟性は比較 (comparatio)、反省 (reflexio)、抽象 (abstractio) という三段階の論理的活動によって概念を産出する。その際、表象が与えられていることが前提であり、それを如何に統一するかが課題である。それによって生み出された統一的表象が概念であり、悟性が「諸表象を自ら生み出す能力、認識の自発性」とされるのはその限りにおいてのことである。それは「直観的悟性 (ein intuitiver oder anschauender Verstand)」ないし「自己意識によって同時に一切の多様が与えられる」ような産出的能力ではない (K. d. r. V., B135.)。それ故、新しい内容は悟性とは別の直観すなわち感性的直観を通して与えられねばならない。こうして、「直観を欠く概念は空虚である」。概念だけからは総合的認識は生まれないとされるのは、かかる人間悟性と概念の限界によるものに他ならない。I. Kant, *Anthro pologie in pragmatischer Hinsicht*, 1798. 参照。山下太郎、坂部恵訳『人間学』、『カント全集』第十四巻、一九六六年。坂田徳男訳、同、岩波書店、一九五二年。*Der Streit der Fakultäten in drei Abschnitten*, 1798. 参照。小倉志祥訳『学部の争い』、『カント全集』第十三巻、一九八八年。本章註(12)参照。

(11) このことは「原則論」における第一原則である

「直観の公理」―「すべての直観は外延量である」―から看取される。K. d. r. V., A162f., B202f.

(12)「知的直観 (die intellektuelle Anschauung)」は「直観的悟性」の働きである。後者が人間の知性から区別されるように、前者も人間の直観から区別される。「直観的悟性」は、「表象することによって同時にこの表象の客観が実在する (existieren)」ようにすることができる能力であり、直観能力を備え、客観を直接かつ一挙に捉えることができる。これに対して、人間の悟性は直観能力を欠き、概念を用い、様々な階梯を経て認識を獲得すべき「比量的悟性 (ein diskursiver Verstand)」である。前者は表象と同時に対象を生み出すものであるから「原型的知性 (intellctus archetypus)」とも称され、神に帰せられる。後者は感性の多様を規則に従って整序するのみであり、「模型的知性 (intellectus ectypus)」と呼ばれる。人間の直観は受動的で感性に制約されている (感覚的である) が、知的直観は知性のなす直観であり、感性を必要としない。それは、人間の感性も悟性も捉えることのできない「ヌーメノン (Noumenon)」を直観する。人間にとってヌーメノンは彼岸であり、限界概念であるが、しかし体系の統一を考えるにあたっては直観的悟性、知的直観とともに再考せざるをえないものとしてある。

第四章

(1) 以下の論述において別の時間、空間表象の可能性が示唆される。「もしわれわれが物自体そのものをまったく許容せず、われわれの経験を物の唯一可能な認識様式となし、従って時間、空間におけるわれわれの直観を諸物の唯一可能な直観と言い、われわれの比量的悟性をあらゆる可能的悟性の原型であると主張し、その結果、経験の可能性の諸原理を物自体自身の普遍的な制約とみなそうとしたら、それはより大きな不合理であることになろう」(Prolegomena., §57, S. 350f.)。なお、第二版 (B) の演繹論において、直観一般とわれわれの直観が区別されていることも注目されてよい。物自体の概念による限界設定は他の認識能力の可能性を含意しており、非ユークリッド幾何学の可能性も認められていることになる。田辺元『幾何学の論理的基礎』(十)参照、『田辺元全集』第二巻、筑摩書房、一九六三年、六六一頁。I. Kant, *Prolegomena zu einer jeden künftigen Metaphysik, die als Wissenschaft wird auftreten können*, 1783. Abk.: Prolegomena. 参照、湯本和男訳『プロレゴメナ』、『カント全集』第六巻、一九七三年。

(2) 直観に属するものは関係しか含まないということがここで一層具体的に示される。

(3) ここから、感性と悟性、直観と概念が決して互いに独立的ではないことが明らかとなる。「概念を欠く直観は盲目である」とは時間・空間表象そのものに当てはまる。

(4) 「直観の公理」(すべての直観は外延量である)、「知覚の予料」(すべての現象のうちで感覚の対象となる実在的なものは内包量すなわち度を持つ)がそれである。外延量(die extensive Größe)とは「部分の表象が全体の表象を可能とし、よって必然的に後者に先行するもの」(K. d. r. V., A162, B203.)であり、内包量(die intensive Größe)とは「単一性(統一)としてのみ覚知され、数多性はその中で否定=ゼロに接近することによってのみ表象されるような量」(ibid., A168, B210.)である。これによれば、空間と時間は外延量である。「私は線分を表象する際、それがどれほど短くても、思想のうちでそれを引く、すなわち一つの点からすべての部分を次々に生みだし、そうすることによって先ずこの直観を記録するのでなければならない。最も短い時間についても同様である。私はそこで一つの瞬間から別の瞬間への継時的進行のみを考えるのであり、すべての部分的時間とそれの付加によってついに一定量の時間が産出されるのである」(ibid., A162f., B203.)。それらは「予め与えられている部分の集積(集合)」としてのみ直観される。だが、この部分の先行性の主張には、形而上学的解明における全体の先行性の主張が対立する。「諸部分は唯一の包括的な空間に先だってその構成部分(それによって空間の合成が可能となるような)として先行することはできず」、唯一の空間を制限すること(Einschränkung)によってのみ考えられる。また「様々な時間は同一の時間の諸部分でしかない」のである(ibid., A25, B39, A31f., B47.)。

(5) ‘Subjekt’ の語源 ‘subjectum’ はアリストテレスの ‘ὑποκείμενον’（基体）に相当するラテン語であり、‘substantia’ と同類の概念である。中世には、それは認識の外部に独立にあるものを意味していた。この意味は十八世紀に至るまで存続したが、この「根底に置かれたもの」に対して、‘objectum’ は「対してあるもの」を意味する。これは、意識や表象者に対しているものとして、事物がそれに映じ捉えられている様を示していた。従って、それは「表象（repraesentatio）」と同義である。この関係が逆転し始めるのは十七世紀後半以後のことであり、ライプニッツは ‘subjectum’ を「魂そのもの」と見なした。かくて、‘subjectum’ は「主観」として、‘objectum’ は「客観」、対象的事物として捉えられるようになる。対象措定の根拠が自我とされ、対象はそれによって措定されたものとして、前者が ‘subjectum’、後者が ‘objectum’ とされるのである。

(6) カントの限界設定の矛盾を指摘し、カントの体系にとどまることの難しさをヤコービはいちはやく表明した。諸対象が感官に印象を与え、表象を生み出すという前提がカント哲学の精神に反することを認めながら、ヤコービは「私はあの前提なしには体系に入り込むことはできず、あの前提をもってしてはそこにとどまることはできなかった」と言うのである。Friedrich Heinrich Jacobi, *David Hume über den Glauben oder Idealismus und Realismus. Ein Gespräch. Beilage. Ueber den transcendentalen Idealismus*, 1786, in: *Werke* II, Darmstadt, 1980, S. 304.

(7) カントはヌーメノンを次のように定義する。「単に悟性の対象でしかなく、とはいえ、そのようなものとして感性的直観にではないにせよ、直観に（すなわち知性的直観に）与えられるようなものを私が想定するとするならば、これらの物はヌーメノン（可想体）と称される」（K. d. r. V., A249.）。後述のように、ヌーメノンには消極的な意味と積極的な意味があると解されるが、それは人間悟性が思惟するものという意味と直観的悟性ないし知的直観の対象という意味の相違に対応すると言ってよい。前者は感性的直観はもとより知的直観をも欠くわけであるから、単に考えられただけのものという意味しか持ちえないのである。

(8) 概念と直観の対応を可能にするのは構想力（Einbildungskraft）の産物である「図式（Schema）」である。それは像（Bild）とは区別され、「一つの概念にその像を提供する構想力の普遍的な振舞い方についての表象」を言うものに他ならない。「私が五つの点を順次打つとすると、これは五という数の像である。これに対して、五でも百でもありうる数一般を考えるにすぎない場合、この思考は像以上のものであって、或る概念に従って（例えば千という）量を一つの像において表象するための方法の表象に他ならない」（K. d. r. V., A140, B179.）。

(9) 「知的直観」は前批判期の『感性界と英知界の形式と原理について』に初めて登場する。それは「神的直観（Divinus intuitus）」とも称され、諸対象の原理であって帰結でなく、独立的であり原型であって、完全に知性的（perfecte intellctualis）である、とされている。その由来は、ニコラウス・クザーヌスにおける「神の知（scientia Dei）」としての「知的眼差し（visio intellectualis）」、更にはスコトゥス・エリウゲナの「知的直観（intuitus gnosticus）」に求められる。

I. Kant : *De Mundi sensibilis atque intelligibilis forma et principiis*, 1770, § 10. 参照、川戸好武訳『可感界と可想界との形式と原理』、『カント全集』第三巻、一九六五年。Nicolaus von Cues, *Trialogos de possest*, 38, 1460, hrg. von R. Steiger, Hamburg, 1973. Vgl., Joachim Ritter, *Historisches Wörterbuch der Philosophie*, Bd. 1, Basel / Stuttgart, 1971, S. 350t.

(10) この悟性の自己否定に当たる概念をカントは分析論末尾の「無の表」において「対象を欠く空虚な概念（Leerer Begriff ohne Gegenstand）」として示している。それはヌーメノンすなわち 'ens rationis' に他ならない。感性を超えて思惟しようとしながら対象を獲得しえないのである。同様に対象が与えられない場合として、「或る概念の空虚な対象（Leerer Gegenstand eines Begriffs）」としての「欠如的無（nihil privativum）」（影、冷たさ、闇）および「対象を欠く空虚な直観（Leere Anschauung ohne Gegenstand）」すなわち「想像的存在（ens imaginarium）」（直観の形式ではあるが対象とはなりえない純粋空間、純粋時間）がある。また自己矛盾的な概念の対象はまったく不可能なものに属し、概念そのものの存立を否定するわけであるから、「概念を欠く空虚な対象（Leerer Gegenstand ohne Begriff）」すなわち「否定的無（nihil negativum）」と称される。悟性はこのような無を思惟しつつ、それに直面し、それによって限界づけられて存立していることになる。（K. d. r. V., A292, B348.）

(11) 原因の二義性の実践的意味については、第二章ならびに同章註(2)参照。

(12) 本章註(6)参照。

(13) ヘーゲルは限界(Grenze)と限界づけられるものの弁証法を次のように論じている。「或るものはそれの定在を限界のうちにのみ持つ。そして、限界と直接的定在はともに同時に互いの否定者なのであるから、或るものは限界のうちにしかないにせよ、また自己を自己自身から分離し自己を超えてその非存在を指し示し、この非存在を自己の存在として言明し、それへと移行するのである」。G. W. F. Hegel, *Wissenschaft der Logik*, I/1. (1832), in: GW., Bd. 21, S. 115, Hamburg, 1985. Abk.: W. d. L. I/1. 参照、武市健人訳『大論理学』、岩波書店、一九七〇年。

(14) 「『私は考える』が私のすべての表象に伴いえなければならない」とカントは言う（K. d. r. V., B131.）。それは、諸表象が私の表象であると言うことができ、私のうちで表象されるための制約である。それが思惟（Denken）であるかぎり、悟性の自発的な活動に属する。直観（Anschauung）の多様はかかる思惟に関係するのである。だが、「私は考える」が経験的な表象であるとすれば、それはやはり認識の必然性、普遍性を保証することはできない。この要求を満たすためには、それは純粋でなければならず、また根源的でなければならない。「経験的統覚（die empirische Apperzeption）」ではなく、「純粋もしくは根源的統覚（die reine oder ursprüngliche Apperzeption）」が求められる所以である。それは、「私は考える」という表象をも生み出す自己意識であるとカントは言い、これによってこの表象は他のすべての表象に伴うことができ、すべての意識のうちで同一で、他の表象からは導出されることはありえないと主張する（ibid., B132.）。それが「超越論的統覚（die transzen-

dentale Apperzeption)」とも呼ばれるのは、それが一切の必然性を基礎づけるべき根源的な超越論的制約であるからに他ならない。認識（経験）の対象とは、概念が総合の必然性を表現することによって成立するものだが、直観に対してそのような対象を思惟しうるためには、意識の統一を可能とする根拠があり、それによって直観の多様の総合、諸客観一般についての諸概念の総合、経験の対象の総合が可能となるのでなければならない。純粋統覚こそがかかる根拠であり、それによってそれは根源的、超越論的とされるのである(ibid., A106f.)。

(15) この主体の意識が実践的主体の意識に通じていることは後に論じるが、カントの純粋統覚を知的直観として捉え、またそれを道徳法則の意識につなげたのがフィヒテであったことは、第二章註(20)において言及した。

(16) この点を明らかにするのが、弁証論における「純粋理性の誤謬推理論」である。第二章註(19)参照。

(17) 第二版（B）には、覚知、再認、再生の総合を経て超越論的統覚に達するという過程はなく、覚知の総合から一挙にカテゴリーと統覚の総合に進むという叙述になっている。その次第は次のように要約することができる。――経験的直観における多様の総括としての覚知の総合は、知覚と経験的意識を可能にするものだが、それは内的外的な先天的感性的直観の形式＝空間と時間に常に従っていなければならない。だが、空間と時間は感性的直観の形式としてだけでなく、多様を含む直観としても表象される。後者は多様の統一という規定を伴っている。従って、多様の総合の統一ないし結合が覚知の総合の条件としてア・プリオリに与えられていなければならない。かかる総合的統一が成立するためには、根源的意識のうちで直観一般の多様を結合するという総合的統一があり、それがわれわれの感性的直観に適用されるのでなければならない。だが、直観一般の多様の結合とはカテゴリーに従って行われるのであり、従ってすべての総合はカテゴリーのもとにあることになる。ここから、カテゴリーが経験の可能性の条件であることが結論される。そして、カテゴリーのうちにア・プリオリに含まれているものが統覚の総合に他ならない。(K. d. r. V., B160f.)

(18) 既述のとおり、この統一に対応して超越論的対象＝Xが想定される。後者が前者の相関物であることは次の論述からも知られる。「超越論的対象についてのこの概念は何ら一定の直観を含まず、認識の多様が対象に関係しているかぎり、そのうちに見いだされる統一に他ならない」(K. d. r. V., A109.)。「だが、この関係は意識の必然的統一に他ならず、従ってまた表象のうちなる多様を結合する心性の一般的機能によって多様を総合する際の意識の必然的統一に他ならない」(ibid.)。超越論的対象の概念は第二版（B）の演繹論においては見いだされないが思想内容は保持される。この事情については、第二章註(18)参照。

(19) 直観に対象すなわち対象についての概念を規定するために両者を媒介するものが図式である。本章註(8)参照。

(20) 第二章註(5)参照。

(21) この点については、岩崎武雄著『カント「純粋理性批判」の研究』、勁草書房、一九六五年、四九六ページ参照。但し、同書で論じられるように、「主体的な自我が決して理論的認識のカテゴリーによってはとらえられない」ことが明らかになるにせよ、本書は、それによって物自体の概念がまったく不要になると考えるものではない。少なくとも、その否定的機能によって「自我」の領域も確保されるのである。

(22) カントは、因果的自然法則に従う時間的出来事の必然性を自然の機械論(Mechanismus der Natur)と名づけるとともに、物質によって駆動される機械としての物質的ロボット(Automaton materiale)と並んで表象によって駆動される精神的ロボット(Automaton spirituale)が考えられうるとする。表象が時間的出来事として因果律に従うかぎり、精神的活動も機械論的に説明されうるからである。ここには人間の精神を含めて、人間を機械として見る人間機械論の可能性が示されていると言えよう。(K. d. p. V., S. 173f.)

(23) 本文中に掲げた定式の他にカントは断言命法の定式をいくつか示している。*Grundlegung zur Metaphysik der Sitten*, 1785, Hamburg, 1965. Abk.: GMS. 参照。深作守文訳『人倫の形而上学の基礎づけ』、『カント全集』第七巻、一九六五年。

1. 汝の格率が普遍的法則となることを汝が同時に欲することができるようにする格率に従ってのみ行為せよ（Handle nur nach derjenigen Maxime, durch die du zugleich wollen kannst, daß sie ein allgemeines Gesetz werde.)。GMS., S. 42.

2. 汝の行為の格率が汝の意志によって普遍的な自然法則となるかのように行為せよ（Handle so, als ob die Maxime deiner Handlung durch deinen Willen zum allgemeinen Naturgesetz werden sollte.)。GMS., S. 43.

3. 同時に普遍的な法則となりうるような格率に従って行為せよ（Handle nach Maxime, die sich selbst zugleich zum allgemeinen Gesetzen machen kann.)。GMS., S. 61.

4. 自己自身を同時に普遍的な自然法則として対象となしうるような格率に従って行為せよ（Handle nach Maximen, die sich selbst zugleich als allgemeine Naturgesetze zum Gegenstand haben können.)。GMS., S.61.

「普遍的法則」を「普遍的自然法則」と言い換える点について、カントは、諸結果を生じる法則の普遍性が形式的に見た最広義の「自然（Natur)」に相当するからであるとしている。ここには、自然との単なる類比を超える「自然」の概念が示されていると言えよう。第五章註(7)における「自然」の意味を参照。

(24) I. Kant, GMS. この定式から、目的の概念は本来実践の場面で成立するものであることが分かる。人間は創造の究極目的とされるが、それは人間が道徳的存在者である、すなわち善意志（guter Wille）を持つことによってである（KU., S. 412.)。そして、世界はかかる人間に関係して初めて究極目的を持つことになる（ibid.)。善意志とは欲求能力の自由のことであり、道徳法則に従って自然的欲求から自由に決断できるということに他ならない。道徳法則は人間性を目的として見ることを勧めるものであるから、人間が自他の人間性を目的とみなすことによって世界の究極目的となりうることになる。I. Kant, *Kritik der Urteilskraft*, 1790. 参照、原佑訳『判断力批判』、『カント全集』第八巻、一九六五年。篠田英雄訳、同、岩波書店、一九六四年。

（25）「格率による動機の反法則的転倒」とは、道徳法則への違反を知りながら、反法則的な行為をなすことである。カントは言う。「人間が善であるか悪であるかという差異は、彼が自らの格率のうちに採用する動機の差異にあるのではなく、人間が両者のうちでいずれを他の条件とするかという従属関係にある。従って、人間が悪であるのは、ただ彼が動機を自らの格率に採用する際に、その動機の道徳的秩序を転倒することにのみよる」(Religion., S. 34.)。この転倒は自由な選択意志によって起こるのであり、その責任は選択意志に帰せられる。

自由に根ざし、それ以上原因を問うことはできないという意味で、この悪は根源的（radikal）であり、「根源悪（das Radikalböse）」である。なお、「根源悪」という言葉は第二批判にはないが、その萌芽は認められる。「不正をなした時に正気であったこと、すなわち自分の自由を使用することを意識している」といった事例が自責や非難、後悔とともに挙げられているからである(K. d. p. V., S. 176.)。*Die Religion innerhalb der Grenzen der bloßen Vernunft*, 1793, S. 25, Hamburg, 1966. 第二章註(5)参照。

第五章

（1）ホルクハイマーとアドルノは『啓蒙の弁証法』においてこの問題を鋭く指摘している。「言うまでもなくカントは『我が内なる道徳法則』をすでに各種の他律的な信仰から純化してきたのだが、その勢いのおもむく所、『尊敬』はカントの保証に反して、『我が上なる星空』が物理学的な自然的事実となったと同様、単なる心理学的な自然事実になってしまった。カントはそれを自ら『理性の事実』と名づけ、ライプニッツでは、それは『社会の一般的本能』と呼ばれていた。しかし、事実はそれが存在しない所では妥当する事もない」。両者はこの意味でマルキ・ド・サドのうちに「一切の破壊者」カントの批判をも撤回させるものを認める。サドは「事実の現前」を否定してはおらず、ジュスティーヌを道徳法則の殉教者として描く。だが、これに対してジュリエッテは、一切の価値判断は根拠を持たないということによって、反対の価値判断を採用するのである。M. Horkheimer, Th. W. Adorno,

Dialektik der Aufklärung -Philosophische Fragmente - 1947, Exkurs II, in : *Max Horkheimer Gesammelte Schriften*, B. 5, Frankfurt a. M., 1987. 参照′ 徳永恂訳『啓蒙の弁証法』′ 岩波書店′ 一九九〇年′ 一四三ページ以下。

（２） ここに言う「経験」は理論的認識の意味での経験ではなく′ 道徳的・実践的経験と言うべきものである。自由は道徳法則の存在根拠（ratio essendi）であり′ 道徳法則は自由の認識根拠（ratio cognoscendi）であるとされるように′ 道徳法則に基づいて自由を自覚することに他ならない。

（３） この問いへの答えが仮言命法の形を取ることは容易に推測されよう。神と来世が幸福意志と関わりをもつかぎり′ カントの道徳法則の思想からは逸脱したものとなる。理性の自律が他律に転化する可能性がここに看取されよう。ヘーゲルが批判した点もここにあった。G. W. F. Hegel, *Phänomenologie des Geistes*, 1807, in : GW., Bd. 9, S. 332. 参照′ 金子武蔵訳『精神の現象学』′ 岩波書店′ 一九七九年。

（４） このような目標を追及する人間がまた自然の究極目的である。本章註(21)参照。

（５） 本章註(1)参照。

（６） ライプニッツの予定調和説の影響がここに看取される。カントによれば′ ライプニッツは「最高善の支配下における理性的存在者と道徳法則に従ってそれらが関係し合っていることにのみ気を配る世界」としての「恩寵の国（das Reich der Gnaden)」を「自然の国（das Reich der Natur)」から区別した。後者は道徳法則のもとにありはするが′ 感性的世界の自然的経過に従う以外に行動の結果を期待することはできない。そして′ 自分が恩寵の世界のうちにあることを知ることが′ 理性の実践的に必然的な理念となる（K. d. r. V., A812, B840.)。ただし′ カントにおいては′ それはあくまで理念として要請され信仰されるだけである。G. W. Leibniz, *Principes de la Nature et de la Grâce fondés en raison*, 1714, in : Leibniz, *Die philosophischen Schriften* 6, Hildesheim/New York, 1978, S. 598. 参照′ 河野与一訳『理性に基づく自然及び恩寵の原理』′『単子論』所収′ 岩波書店′ 一九六六年。

（７） 根源的存在者の認識（die Erkenntnis des

Urwesens）としての神学をカントは次のように分類する（K. d. r. V., A631f., B659f.）。

I．合理的神学（theologia rationalis）：単なる理性に基づく

　1．超越論的神学（die transzendentale Theologie）：超越論的概念（ens originarium, realissimum, ens entium）を用い純粋理性による

　　a．宇宙神学（Kosmotheologie）

　　b．存在神学（Ontotheologie）

　2．自然的神学（die natürliche Theologie）：自然、われわれの魂から借りてこられた唯一の概念、最高知性としての概念による

　　a．自然神学（Physiko - oder Naturtheologie）

　　b．道徳神学（Moraltheologie）

II．啓示神学（theologia revelata）：啓示に基づく

ここで証明力を否認されている神学とは、宇宙神学と存在神学のことである。前者は何らかの存在というまったく無規定なものを経験的基礎とし、最高原因の存在に言及するものであり、後者は一切の経験を捨象してまったくア・プリオリに概念のみから最高原因の存在に推及する。カントは前者を後者に帰着させるが、後者すなわちアンセルムスに遡るいわゆる神の存在の存在論的証明に対する批判によってその効力を奪うのである。拙著『意識と無限』第三篇第一章「存在思想の鼎立」、近代文芸社、一九九四年、参照。

（8）この点の批判をヘーゲルは『精神現象学』道徳性の章で行っている。

（9）カントが形而上学の危機と懐疑主義の台頭に対して抱いた危惧は不信仰とニヒリズムの到来に対する危惧であったと見ることができよう。ハイデガーによれば、カントの思想はニヒリズムに至る近代「主体性の形而上学」の中心にある。だが、カント自身はニーチェのように「神の死」を宣するには至らず、神を要請することによってあくまで信仰を守り、パスカルと同じく中間的存在者であろうとした。神を見失いつつある近代人がなお神を求めて努力する様を見ることがで

きる。M. Heidegger, *Nietzsche, II*, Pfullingen, 1961, S. 231. *Holzwege*, Frankfurt am Main, 1963, S. 225.

(10) かかる必然的自然観は自然現象の説明可能性と予測可能性を保証し、その技術的支配を可能にする。自然に対して必然性の網をかぶせる反面、人間の側は自然に対する主権と自由の地位を自分自身に与えるわけである。カウルバッハはここに自然科学における自然に対する近代の人間の姿勢を見る。自然はこのようにして「枷をはめられた自然」となる。だが、それとともに主権者の地位に立つ人間は限度を超えた支配によって自然を荒廃させ、逆に生存の危機に陥る。だが、カントの自然観がこれにとどまるものでないことは後述のことから明らかである。カウルバッハは自然科学や技術の枷に必ずしも納まらない自由な自然の領域を見いだしうるとする。それは生きた有機体の総体、人間の実践的英知的自然、政治的歴史的自然、芸術的感覚的自然として捉えられる。フリードリヒ・カウルバッハ『カントとニーチェの自然解釈』(講演集)、明星大学出版部、一九八一年。本章註(21)参照。

(11) カントは全ての認識を内容から分離した場合、歴史的 (historisch) 認識と理性的 (rational) 認識に分類されるとする。歴史的認識とは「所与からの認識 (cognitio ex datis)」であり、理性的認識とは「原理からの認識 (cognitio ex principiis)」である。歴史的認識とは、直接的経験ないし説明であれ教示であれ、他から与えられたものの認識であり、理性的認識とは理性に備わる普遍的源泉すなわち原理に基づいて得られる認識である。後者は更に哲学的認識と数学的認識に分かれる。哲学的認識とは概念に基づく (aus Begriffen) 認識であり、数学的認識とは概念の構成に基づく (aus der Konstruktion der Begriffe) 認識である。数学は純粋直観によりつつ理性を具体的に行使するが故に、錯誤や誤謬を排除することができ、理性の本質的かつ真の原理に由来すると主張することができる。それ故、人は数学を学ぶ (lernen) ことができる。これに対して、哲学は数学と同じ仕方で確立していると言うことはできず、人は或る探究において理性の普遍的原理に従いつつ理性を行使することができるにすぎない。しかも、その際、この原理そのものの源泉を探り、確証し、或いは放棄するという権利は保存されるのである。この意味で、哲学は探究の途上にある。従って、「人は哲学を学ぶことはできず、ただ哲学することを(philosophieren)を学ぶことができるにすぎない」(K. d. r. V., A837, B865.)。カントのこの精神は、アリストテレスが「学問とは証明することであり、原因(ἀρχή)を求めることである」としたことと一致する。

(12) この統一は三段論法や幾何学の公理体系と類似していると言えるかもしれない。だが、カントは経験的帰納に基づく普遍的命題や幾何学の公理を厳密な意味で原理(Prinzip)と呼ぶことを拒否する。前者はなお相対的であり、後者は純粋直観に基づくものであるから、原理からの認識とは言えない。この意味で、ここに言う理性統一は幾何学をモデルとするわけにもいかないこととなる。ありうるのは、原理を求める果てしない探究である(K. d. r. V., A300, B357.)。

(13) 「ある統一への方向」と言われるにせよ、「絶対的全体」が具体的に与えられないかぎり、この方向も定まっていると考えることはできない。前註に見たように、「原理からの認識」としての哲学はどこまでも原理を追及し、一定点で立ち止まることを許容しないとすれば、その完結はありえないことになる。

(14) 原理の能力としての理性は論理的には推理の能力として働く一方、制約されたものに対してその制約を求め、無制約なものに達しようとする。それは一つの推理に対してその前提となる前推理を構成する働きである。そして、定言的、仮言的、選言的の三推理に対応して三種の無制約者を追及する。それは「それ自身は述語になりえない主語」、「もはや何ものも前提しない究極の前提」、「概念の区分を完成するためにもはや何ものも必要としない区分肢の総体」である。これらは「主語における定言的総合の無制約者」、「体系における一切の部分の選言的総合の無制約者」と称される。一方、われわれの表象の持ちうる関係には、主観に対する関係、現象における多様な客観に対する関係、あらゆる物一般に対する関係がある。そして、それらに応じてあらゆる制約の無制約的総合的統一を求めることができる。そこに、思惟主観の絶対的統一、現象の制約の系列の絶対的統一、思惟一般の一切の対象の制約の絶対的統一の概念（理性概念＝理念）が成立する。これらは心理学（霊魂論）、宇宙論、神学の対象としての心（霊魂）、宇宙、神に他ならない。そして、三種の推理の無制約者に対応する。かくて、原理の能力と推理の能力が合致するのである。K. d. r. V., A321ff., B377ff.

(15) 偶然性とは、悟性の能力を駆使しても悟性的一般的法則によっては捉えきれない剰余が生ずるという事情を言う。従って、それは人間の認識能力にとっての偶然性のことであり、その限界を示している。この限界を超え、自然界になお統一を見いだそうとする時、人間は超感性的基体を自然の根底に想定し、自然を造作するための知性を要請するわけである。なお、或るものの存在の偶然性からその根拠として絶対的必然的存在者を求め、その最高実在性へと推及する議論は神の宇宙論的証明であり、これは最高実在性の概念から必然的存在を帰結しようとする存在論的証明に基礎を持つ。こうした問題連関は偶然的なものを偶然的なものとして放置せず、偶然と見えるが故にその根拠を求めるという態度のもとに成立するのである。

(16) カントは「或る客体の概念が同時にこの客体の現実性の根拠を含む限り、目的と呼ばれる」と定義する（KU., S. XXVIII.）。だが、目的の概念はまずは実践的概念であり、判断力が目的論的となるのは、所与の判定に目的の理念を用いることによってであるとすれば、目的の概念は理論と実践の統一、それも実践の優位のもとにおける統一を果たすための媒介の役割を担っていると言える。なお、ヘーゲルの有機体の定義がこのような目的概念を継承して行われることにも注目すべきである。「生きたものにとって概念は内在的であるから、生命体の合目的性は内在的なものとして捉えられなければならない。生命体にとって概念はその外面性から区別されながら、このように区別することにおいて外面性を貫き、自己と同一な規定された概念としてある。生命体のこの客観性が有機体なのである」（W. d. L., II, in: GW., 12, S. 184.）。

(17) もとより、このように主張するためには、機械論と目的論の対立を調停しておかねばならない。両者を自然の構成的原理と見なすかぎり、それらは二律背反を形づくる。

定立：物質的事物の産出はすべて単に機械論的な法則に従って可能である
反立：物質的事物の産出のうち若干のものは単に機械論的な法則に従って可能であるとは言えない

カントの解決策はこれらの主張を自然を判定するための主観的格率とすることである。

第一格率：物質的事物とそれらの産出はことごとく単なる機械論的法則に従って可能であると判定されねばならない
第二格率：物質的自然の産物のうち若干のものは単に機械論的な法則に従って可能であると判定されることはできない

機械論は因果律という構成的カテゴリーに基づいて成立するものであるから、それを改めて主観的格率とすることは意味のないことのように思われよう。それがなお格率として意味を持つのは、自然があくまで現象であって物自体ではなく、機械的な原因以外になお別種の原因が想定できるということ、自然が二重の観点のもとに捉えられることによる。そして、機械論も目的論も単独では自然を説明しえず、相補的な関係に立たねばならない。だが、両者の関係とりわけ機械論がどのような仕方で目的論に従属するかについては、十分な関連が示されているとは言えない。両者は対立しつつ併存することが保証されるだけである。KU., S. 314f.

(18)　スピノザは「自然における一切は永遠の必然性と最高の完全性とをもって現象する」という主張のもとに目的因と目的論を退けた。目的によって現象を説明することは、原因についての無知にもとづくものだというのである。また、原子論的唯物論を唱えるエピクロスは、重さをもった原子とその衝突によってのみ生成変化を説明するデモクリトスの機械論を継承する。従って、ここにも目的の概念の働く余地はない。だが、エピクロスは、衝突を説明するためには、デモクリトスのように垂直の落下運動を想定するだけでは不十分であるとし、偶然的な斜行運動を認めた。それは意志の自由を認め、機械論的決定論とは異なる面を有していることを認めねばならない。Baruch de Spinoza, *Ethica more ordine geometrico demonstrata*, 1677,

Pars I, Appendix, in: *Spinoza Opera II*, hrg. von C. Gebhardt, Heiderlberg, 1972, S. 80. 参照、畠中尚志訳『エチカ―倫理学―』上、岩波書店、一九七五年。Lucretius, *De rerum natura*, Cambridge, 1924, Liber secundus, 216ff., 289.

(19) 註(15)で述べたとおり、世界の偶然性が認識主観にとっての偶然性であり、自体的な偶然性ではないということが、超感性的基体、知性的原因の想定を可能にしている。信仰の余地を確保するために、認識を制限するという方針と一致して、ここにおいても神学の可能性は人間の認識能力の有限性と物自体および現象の区別に基づいている。

(20) 人間における可想的なもの(理性)による経験的なもの(感性)の支配と類比的な関係が行為者としての超感性的知性的存在者と自然の間に成立する。理性と感性、神と自然の関係は並行的である。そして、この関係が必ずしも調和的ではなく、対立を宿していることにも注意しなければならない。

(21) 人間を創造の究極目的と見なし、自然の究極目的とすることによって自然の主人にしようとするこの思想は、人間による自然の所有・支配というデカルトやベーコンの思想の発展上にあると思われるかもしれない。だが、カントは理性と感性を対立させながら、宥和的な関係をも認めていたことを看過すべきでない。すなわち、自然は人間を含めた目的論的体系に他ならない。また、カントの歴史哲学には、人類の歴史の全体を自然の隠された計画の遂行として捉える視点が認められる。Kant, *Idee zu einer allgemeinen Geschichte in weltbürgerlicher Absicht*, 1784, Achter Satz, in: *Kant's gesammelte Schriften*, hrg. von der königlich Preußischen Akademie der Wissenschaften, Bd. VIII, Berlin und Leipzig, 1923, S. 27f. 参照、小倉志祥訳『世界市民的意図における普遍史の理念』、『カント全集』第十三巻、一九八八年。

(22) ここにはカントの現実認識の厳しさが示されている。だが、現実の悲惨や悪に対するカントの態度はあくまで中間的存在者のそれであり、ニーチェのように神の死を見届けた上で、悪をも包摂し両極の間を行き来できる超人の「最高の魂」に達することはなかった。Friedrich Nietzsche, *Also sprach Zarathustra*, 1883-

85, in : *Nietzsche- Kritische Studienausgabe*, 4, S. 261, Nördlingen, 1988. 参照、手塚富雄訳『ツァラトゥストラ』、『世界の名著』46、一九六六年。

(23) 悟性が規則の能力として全所与を統合して法則にもたらし、理性が原理の能力として普遍から特殊を導出する役割を担うのに対し、判断力は両者の中間の能力とされる。だが、これらの能力は截然と区別されて働くわけではない。規定的判断力は、悟性によって与えられた規則、法則のもとに特殊を包摂するものであるから、悟性のもとで働くと見なされる。だが、経験的に概念を形成したり、「諸々の認識の関係のうちに統一を表象すること」として判断を構成する場合、特殊に対して普遍を発見することが求められ、反省的判断力が作用しなければならない。のみならず、概念間の一致と対立の判定には推理が加わらねばならない。また、特殊に対して普遍を発見するためには帰納推理と類推が用いられる。原理からの演繹ではなく、原理を探究せねばならないという場合、理性には反省的判断力の協力がなければならない。このような連携において判断力は中間的位置を占めるとされるわけである。悟性および理性については第三章註(10)(12)、第五章註(14)参照。

(24) 主観的原理と客観的原理の対立の他に、カントの二元主義は様々な形で現れる。物自体と現象、理性と感性、目的論と機械論、実践と理論等である。

(25) 機械論の限界の故に目的論的見地が採用されねばならなかったという事情からすると、このことは循環を生ずる。無限に継続可能な機械論的研究のどこに限界を認め、これを中断して目的論に移行するのかが更めて問われねばならない。対象を有機体として認定するところにその根拠はあるが、目的論的説明は実質的な意味を有しないという以上、それはただ機械論ならびに探究を放棄することになりかねない。探究の継続のためには再び機械論に立ち戻る他はないという結果となるのである。

(26) この対立を近代哲学通有の対立と捉え超克の対象としたのはヘーゲルであった。ヘーゲルはそれを悟性的反省の引き起こすものと見なし、その結果有限性に沈淪する哲学を「反省哲学 (Reflexionsphilosophie)」と名づけた。それを克服して真の無限性の立場を目指そうとする努力が「弁証法」や「思弁」となるのである。G. W. F. Hegel, *Differenz des Fichte'schen und Schelling'schen Systems der Philosophie, in Beziehung auf Reinhold's Beyträge zur leichtern Übersicht des Zustands der Philosophie zu Anfang des neunzehnten Jahrhunderts, 1stes Heft*, 1801, in : GW. 4, Hamburg, 1968. *Glauben und Wissen, oder die Reflexionsphilosophie der Subjectivität, in der Vollständigkeit ihrer Formen, als Kantische, Jacobische, und Fichtesche Philosophie*, 1802, in : GW. 4, S. 313. 参照、山口、星野、山田訳『理性の復権―フィヒテとシェリングの哲学体系の差異』、批評社、一九八五年。

(27) 「美は一切の関心に関わりなく何か或るものを、従って自然をすら愛するようにわれわれの心を整える」(KU., S. 115.) とカントは言う。それは無私の態度を求める。「崇高はわれわれの(感性的)関心に反してすら或るものを尊重するようわれわれの心を整える」(ibid.)。崇高の分析において、カントは自然の破壊的な相貌を描き出す。恐怖を抱かせる自然の不可抗性は自然的存在者としての人間の無力を思い知らせる。だが、自然の威力を超えて判定する能力と自然に対する優越性を人間のうちに開示する。その時、人間は道徳法則に叶ったものとして自己を自覚し、道徳的責任の意識を強化するのである。

(28) 近代においては、デカルトとともにパスカルが人間を中間的存在者として捉えていた。三木清『パスカルにおける人間の研究』(岩波書店、一九二六年)参照。啓蒙的理性主義者カントにはパスカルほどの悲劇的感情は認められないかもしれない。パウルゼンは、敬虔主義のもとで育ったカントは最晩年には神秘論の領域に近づいたと評する。だが、宗教の本質は「一切を善に向けそれ自身を自然と歴史のうちに実現する意志と信仰」であるとするにせよ、人間の二重生活が解消しているわけではない。二重性や分裂が前提されるかぎり、進歩の確信があっても、全一性を求める関心からは同じ悲劇性のうちにあると見なければならない。Descartes, Meditationes., IV, p. 140. B. Pascal, *Pensées*, § 72. F. Paulsen, *Immanuel Kant*, 1898. 参照、伊達保美、丸山岩吉訳『イマヌエル・カント』、

春秋社、一九二五年、三六、八三—四、四六一頁。

(29) 次章参照。

第六章

(1) I. Kant, *Kritik der Urteilskraft*, 1790, Hamburg, 1953, Unveränderter Nachdruck der Ausgabe von 1974, S. 265. Abk.: KU. ノンブルは第三版に従う。

(2) I. Kant, *Kritik der reinen Vernunft*, 1. Aufl. (A), 1781, 2. Aufl. (B), 1787, Abk.: K. d. r. V.

(3) それは、「或るものがそれによって生起する原因性であるが、このものの原因が更に他の先行的原因によって必然的法則に従い規定されているということのないもの、すなわち自然の法則に従って経過する諸現象の系列を自ら開始する諸原因の絶対的自発性」(K. d. r. V., A446, B474.) と規定される。第二章註(5)参照。

(4) 「自由のこの超越論的理念にそれの実践的概念が基づく」(K. d. r. V., A533, B561.)。

(5) この「原因」のカテゴリーが理論的認識を成立させるためには感性的直観を必要とする。ここでは、カテゴリーの使用はこの条件を超えており、超絶的というべきである。可想的なものが現象界に影響を及ぼすことは如何にして可能かを問うならば、両者の媒介項を求めねばならないという新たな問題が生じる。とはいえ、カントはそれが実践的意図においてヌーメノンに適用されうることを容認する。そして、その客観的実在性は先天的な純粋実践理性によって証示されるとする。K. d. p. V., S. 94. Vgl., Heinz Röttges, *Kants Auflösung der Freiheitsantinomie*, in: *Kant-Studien*, 65. Jahrgang, Heft 1, S. 33-49, 1974.

(6) I. Kant, *Kritik der praktischen Vernunft*, 1788, Hamburg, 1963, unveränderter Nachdruck der 9. Aufl. von 1921.

(7) K. d. r. V., A672, B700f. それは次のような指示となる。「われわれは可能的経験の連関に属するかぎりのすべてのものを次のように考察しなければならない。すなわち、あたかも可能的経験は絶対的な、とはいえ徹頭徹尾依存的で依然感性界の内部に制約されている統一をなすかのように、だが同時に、あたかも全現象の総体(感性界自身)は唯一最高かつ完全な根拠すなわちいわば自立的、根源的かつ創造的な理性をその外に有するかのようにである。この創造的理性に関しては、われわれはわれわれの理性の一切の経験的使用を最大限拡大するべく次のように理性を用いるのである。すなわち、諸対象自身は一切の理性のあの原像から生じるかのようにである」。

(8)「われわれは目的論的結合の体系的統一という統制的原理を有するが、このような結合を前もって規定してはならず、ただこれを期待しつつ一般的法則に従い物理的機械論的結合を追究することができるのみである」(K. d. r. V., A692, B720.)。

(9) この対立を客観自身における対立と捉えるならば、「判断力のアンティノミー」が生ずる。「物質的事物の一切の産出は単に機械論的な法則に従って可能である」とする定立と「物質的事物の若干の産出は単なる機械論的法則によっては可能でない」という反立がである。カントはこれを探究のための統制的原理の対立として捉えることによってアンティノミーを回避しようとする。それぞれは、「物質的事物とそれらの形式の一切の産出は単に機械論的な法則に従って可能なものとして判定されなければならない」、「物質的自然の若干の産物は単に機械論的な法則に従って可能なものとして判定されてはならない」という判断力の格率となる。とはいえ、いずれも有機物の成立を単独で説明するには十分でないとされるのであるから、両者は相補的な関係に立たねばならないが、機械論と目的論の合一の根拠は超感性的基体という形而上学的想定に求められねばならず、原理そのものとして両者が調停されていると言うことは困難である。Vgl., Véronique Zanetti, *Die Antinomie der teleologischen Urteilskraft*, in: *Kant-Studien*, 83. Jahrgang, Heft 3, Berlin, 1993, S. 341-355. 第五章註(17)参照。

(10) 外的合目的性とは「自然におけるある物が他の物に対して、目的に対する手段の用をなすような合目的性」と規定される(KU., S. 379.)。

(11) ここにヘーゲルは手段を媒辞とする推理的結合を見る。

(12) G. W. F. Hegel, *Wissenschaft der Logik, II*, 1816, GW. Bd. 12, Hamburg, 1981. Abk.: W. d. L., II.

(13) ヘーゲルによれば、「概念は本質的に向自有的同一性として即自有的客観性から区別されており、そのことによって外面性を有するが、しかしこの外面的全体性のうちにありながら、それの自己規定的同一性である」(W. d. L. II., S. 172.)。それは自己を規定して外的なものとして措定し、しかもそこにおいて自己同一性を保つ運動である。

(14) 概念論における機械論から目的論に至る過程は、「概念」をすでに基底とした上で、客体の弁証法的発展として記述される。客体とはまず直接的存在であり、区別に無関心な自己完結的全体である。だが、それは直接的な統一であり、統一に対しても無関心である。そのため、客体は容易に区別されたものに崩壊する。かかる脆さとして、客体は自立性と非自立性の両面からなり、それらの絶対的矛盾である。このような客体が相互に関係しあうところに成立するのが機械論である。客体はここでは自己否定的媒介体であると言えるが、規定性を有しつつそれに固定されない全体を目指そうとする。諸客体は互いによりまた互いに向けて統合されようとする絶対的衝動に他ならない。ここに化学論が成立する。反応による中和物の産出とそれを更に差異化する過程を通じて、異なった客体の直接性という前提は内実のないものとなる。このように外面性と直接性が否定されることによって自由かつ対自的な境位が開かれる。それが「対自的に実存する概念」であり、「目的」に他ならない。かくて、目的論が始まるのである。このような発展過程をなすことによって、ヘーゲルにおいては、目的論が機械論、化学論に対立することなく、それらの真理とされうるのである。W. d. L., II., S. 133-160. *Enzyklopädie der Philosophischen Wissenschaften im Grundrisse, I* (1830), § 144-204, *Werke in zwanzig Bänden*, 8, Frankfurt am Main, 1970.

(15) G. W. F. Hegel, *Wissenschaft der Logik, I*, GW. 11, Hamburg, 1978. Abk.: W. d. L., I.

(16) ヘーゲルの「理念論」の構成が「生」「認識」「絶対理念」となっていることから、有機体論がヘーゲルの体系において核心をなすことは明らかである。W. d. L., II, S. 173.

(17) G. F. J. Schelling, *Ideen zu einer Philosophie der Natur*, 1797, *Schellings Werke*, hrg. von M.

Schröter, 1. Hauptband, München, 1979, S. 706.

(18) R. Kroner, *Von Kant bis Hegel*, Tübingen, 1921/24, S. 224, 283f. Abk.: Kroner.

あとがき――カントへの道

かつて大学に教養課程と称される段階があり教養部や教養学部がほぼ独立の存在を有していた頃、入学したばかりの私たちには将来何を専攻するかを模索する猶予期間が与えられていた。それは、自己の可能性を果てしなく思い描くことのできる場であった。当時、私の前には限りない歴史的世界が開けていた。そして、そこに人間のすべてが開陳されているはずであった。私は人間を全体的に見、理解する道をそこに求めようとした。もちろん、限りある現在の自己が無限の、しかも異質なものに満ちた歴史的世界を知ることはどのようにしてできるのかという問いを避けることはできなかった。しかし、人間は歴史のうちに生まれ、形成され、従ってそれに対して責務を帯びているという確信は捨てようがなかった。私はそれをより確かなものにする必要があった。人間はどのようにして歴史的現実、他者とつながっているのか、を私は人間の実存の根底から知りたいと思った。時に虚無の思いに陥ることも辞せず、私は方法的懐疑を遂行した。行動を促す同輩たちの勇壮なアッピールを耳底に残しつつ、私は内省の仕方を禅に学ぶようになった。老師の厳しい指導のもとで私は一層微妙な心の動きと物の気配のあることを知るに至った。だが、この内省の道が現実世界にどう通じているのかは一層見極めがたく思われた。

そうした中で私の進路を規定したものに、ベネデト・クローチェの言葉があった。「現在における生の関心」こそが歴史の事実を知ろうとさせるのであり、「すべての真の歴史は現代の歴史である」というのであった。それは、皮相な現実のうちに拡散しようとする精神を自己に引き戻し、歴史観察の原点をしっかりと見つめることを求めているように見えた。自己なくして対象はなく、主体なくして客体はないことを教えていた。客体なくして主体はないということがもう一半の真理である筈だが、私の内面化の傾向は前者を重視したのである。私は自由な思索の場を哲学に求めることとした。

そして、私が最初に手を染めたのは、カントの『純粋理性批判』であった。現代思想の洪水の中で、何と言ってもカントがすべてにわたって最も近い礎石の一つと見えたからである。

だが、カントの思想は未熟な私にとって直ちに納得の行くものであるとは言えなかった。認識は真理に届き、真理の言葉は人間と世界を変えるはずであるという期待に反し、カントの教えは、人は現象を知るばかりで物自体は知りえないというものであった。主体なくして客体はないとは説かれているが、それは余りにも主観主義的観念論的であった。それでも私は『純粋理性批判』に主体の在処を求め続けた。そして、対象としては知りえない物自体が主体への通路になっていることを知ることができた。学一般と形而上学の確立というカントの課題は近代的人間の主体の確認という意味を持つものであった。それは、因果律を携えて自然界を規定する近代科学の主体と自由の確信のもとに行為する主体の存立をともに保証し、また統合するという課題であった。

だが、その後、私のカント研究は予想しない道を辿ることになった。「人はカント哲学にとどまることはできない」というヤコービの言葉を意識していたわけではない。また、怠惰とも言えない事情があった。現実への視点を求めての主体の探究であったのに、大学における学問・研究の実態を倫理的・道義的に問いなおす世界的な運動の波が私の身辺にも打ち寄せる状況となった。当時パラダイムという言葉は一般的ではなかったが、私は状況を理解するのにカント哲学のパラダイム転換が必要であると思った。私は現代における理性批判に眼を向け、理性の自律というカントの中心思想が理性の道具化という傾向によって著しく浸食されつつあることをホルクハイマーやアドルノを通して知った。そして、その洞察が未曽有の民族迫害の経験に根ざしていることを知って慄然とするとともに、思想の責任の重大さを教えられたのである。

これはカント哲学をめぐる最初の弁証法的体験であったと言えるのかもしれない。だが、それはまた私自身のうちなる弁証法でもあった。こうして、私は思想や物事の変化・発展に関心を抱くようになった。そして、ヘーゲルの魅力にとりつかれた。特にその論理思想を自家薬籠中のものとすることがすべての思索の基礎であり前提であると考えた。それはカントに戻るためにも不可欠であると思われた。

このようにするうちに、カントに学び始めてから幾多の歳月が経った。「人は哲学を学ぶことはできない。ただ哲学することを学びうるだけである」と言ったのはカントその人であったが、真にカントの徒と言えるのは「哲学すること」のできる者だけである。それはまた、カントに見えるための前提でもあろう。だが、カントへの道を遠回りしながら、私はカントをまったく忘れたわけではない。折りに触れて、私はカントとの対話を試みた。ヘーゲルは常にカントとの対決のうちにあった。こうして、私はカントを原点とし、様々な思想家の視点を借りてカントの周りを回転してきたといって過言ではない。

本書において私はカントその人を語ろうとしている。だが、原点への回帰とは新たな出発点でもなければならない。それは現在カントをどのように捉え位置づけるかという問いを含んでいる。カントからヘーゲルへと辿った私には、カントはより一層、同じくカントから出発してカントを超えようとしたドイツ観念論の原点に他ならない。その努力は遥かに意識的かつ徹底的であった。カントが提起した問題を人々がどう受け止め発展させようとしたか、カントからの乖離が生じたとすればどこでどのようにしてか、が問われることになる。

相反する原理に立脚する理論的自然研究と道徳的実践を調停する道を、カントは神を要請し、神的摂理の信仰のもとに自然界に合目的性の見地を適用することに求めた。そこには、神を信じ、自然界に神意の発現を見ようとする敬虔な中間者としての人間の姿が認められる。だが、そこには神の秩序に納まりきれないものが残されていた。合目的性の見地は機械論に上乗せされただけであり、機械論を規定するものではなかった。単なる統制的発見的原理として、却って、探究の実質を機械論に譲る形になっている。自然界の神的支配は亀裂を宿している。それと並行して人間自身にも分裂が残されていた。神の要請は理性と感性の対立を埋めることができないことから為されるのである。こうして、人間は中間的存在者であるが故に、分裂の悲劇に曝されているのである。カントは哲学の中心問題を四つの問いに纏めた。

1. 私は何を知ることができるか
2. 私は何を為すべきか
3. 私は何を望んでよいか
4. 人間とは何か

がそれである。それらは、形而上学、道徳、宗教、人間学によって答えられることになっていた。そして、先の三問はすべて第四の問いに関係するものとされた。従って、カント哲学は人間学として理解することができることになる。

だが、これらの問いは人間の有限性を前提し、超えることのできない深淵を背にしているように見える。物自体を知ることはできず、限りなく当為が課せられ、徳と幸福の一致は希望されるにすぎない。それによって、「人間とは何か」は答えられる。天上と地上の間に引き裂かれ、無限を仰望しつつ有限界に沈淪しているのが人間である。

これは、カントにおける自然と道徳への感動、とりわけ人格の尊厳を損なう言い方かも知れない。だが、そう見ざるをえないところに、カント以後の運動の端緒はあった。人々はカントの抑制を超えて無限に達しようとする。ドイツ観念論は人間の立場を離れ、神の立場に立とうとしたとも言われる。厳密な意味で、それが当たっている点もある。模型的・比量的知性に対して原型的・直観的知性が求められる。カントの批判を前提しながら、それはどのようにして遂行されたかが問われねばならない。少なくともカントからの脱却過程が見通されうるものとならなければならない。私の見るところ、カントの批判と限界設定による調停工作は却って分裂を露呈し破綻に通じていると見えるが故に、戒めを無視した反対の動きを生み出すのである。分裂を超えようとする方法、弁証法が開発されることになる。

一方、ヘーゲル以後、ニヒリズムは益々顕著になった。「神は死んだ」とするニーチェは超人の道を説いた。それはドイツ観念論における人間の超脱と何らか関係を持つであろうか。ヘーゲルの中に無神論者を見る向きもある。そのような問題連関においては、ハイデガーの言うカントの「主体性の形而上学」も吟味の俎上にのぼる。そして、それとともにニヒリズムに対する思想的構えが問われなければならない。こうして、現代はカントとドイツ観念論と対決する。それを異文化圏にあるわれわれはどう見るべきであろうか。それへの答えを用意することが今後の私の課題となろう。課題の拡大は原点の重みを増す。それを実感することが新たな出発点となることは言うまでもない。本書がそのための端緒となれば、私の仕事は無意味ではなかったと言える。

本書はもう遥か昔の私の学士論文をもとにしている。それを見直すに至ったきっかけは、学部、大学院を通じて御指導いただいた恩師山本信教授のご指示にある。当時哲学史の講義でカント哲学を講ぜられており私の論文をもご覧になった教授はその内容をよく記憶しておられた。呱呱の声にもならなかった筈の最初の論稿を敢えて匡底から引き出しいま衆目に曝そうとされるのは、当時枚数の制限もあり晦渋を極めた論述を分かりやすくする工夫を凝らせという教育的配慮によるものに他ならない。教師の学生に対する要求はここまで及ぶかと思えば、かつて学窓に映じていた旧師の厳しい眼差しを更めて感じる。今日考えるところもあり、筆を運ぶうちに、紙数は四倍ほどに膨らんだ。終章に収めたものは、昨秋東京大学における哲学会で発表した原稿のもととなったものである。従って、読者は私の最初期から最近に至るまでの、しかし飛躍のあるカント研究を本書において見られることになる。

ともあれ、本書が数多くの師友の学恩によって成ったものであることを記さなければならない。在学中主任教授であられた岩崎武雄先生と斉藤忍随先生は物故されてすでに久しい。岩崎教授のお部屋に論文の題目の相談に伺った折のことや、時を忘れて『純粋理性批判』と取り組んだ日々、そして討論ともなれば寸鉄も帯びず槍襖の前に立つが如き緊張感に溢れた当時の研究室の雰囲気が鮮やかにまた懐かしく蘇ってくる。本書はそのような気風の中で生まれたことは間違いないと思いながら、哲学する精神の加重的深化・発展を望むことが益々困難という見方もある現在の社会・教育システムにおいて、その責任をどう果たせばよいのか思案に耽る昨今である。

出版は、今回も勁草書房の富岡勝氏にお願いすることとなった。快く検討をお引き受け下さり刊行に尽力された同氏ならびに編集作業に当たられた山中康人氏はじめ同書房の方々に篤く謝意を申し述べなければならない。

一九九六年八月　　奥多摩にて

索　引

た

な

や

ら

わ

著者略歴

1944年　東京に生まれる。

東京大学大学院人文科学研究科博士課程修了。

哲学専攻。Ph.D.（ブラウンシュヴァイク大学）。

現　在　東京理科大学教授。

著訳書

『近代知の返照』（学陽書房），『Die Reflexionstheorie im Deutschen Idealismus』（K.Urlaub），『ドイツ観念論における反省理論』（勁草書房），『意識と無限』（近代文芸社），『ヘーゲル哲学の思惟方法』（学術出版会），ホルクハイマー『理性の腐蝕』（せりか書房），ヘーゲル『理性の復権、フィヒテとシェリングの哲学体系の差異』（批評社、共訳），ヴォルフ『矛盾の概念』（学陽書房、共訳），バウアー「ルードヴィヒ・フォイエルバッハの特性描写」（『ヘーゲル左派論叢』御茶の水書房），ユンク『原子力帝国』（社会思想社），ツィンマーリ『哲学への問い』（晢書房），シュペッペンホイザー『アドルノ』（作品社），フィヒテ『一八〇四年の知識学』（晢書房）

カントにおける人間観の探究

1996年12月20日　第1版第1刷発行
2007年10月25日　第1版第2刷発行

著　者　山《やま》　口《ぐち》　祐《まさ》　弘《ひろ》

発行者　井　村　寿　人

発行所　株式会社　勁《けい》　草《そう》　書　房

112-0005　東京都文京区水道2-1-1　振替　00150-2-175253
（編集）電話 03-3815-5277／FAX 03-3814-6968
（営業）電話 03-3814-6861／FAX 03-3814-6854
港北出版印刷・鈴木製本

ISBN978-4-326-15323-7　Printed in Japan

カントにおける人間観の探究

2016年5月10日 オンデマンド版発行

著 者 山 口 祐 弘

発行者 井 村 寿 人

発行所 株式会社 勁《けい》 草《そう》 書 房

112-0005 東京都文京区水道 2-1-1 振替 00150-2-175253
（編集）電話 03-3815-5277／FAX 03-3814-6968
（営業）電話 03-3814-6861／FAX 03-3814-6854

印刷・製本 （株）デジタルパブリッシングサービス http://www.d-pub.co.jp

AJ541

ISBN978-4-326-98222-6 Printed in Japan